北東アジアにおける高齢者の生活課題と社会的孤立

日本・韓国・中国・香港の今を考える

編著
小川栄二 Eiji Ogawa
新井康友 Yasutomo Arai
朴 仁淑 Insook Park
三浦ふたば Futaba Miura

執筆
瀬遠玲佑彦璐
啓思容裕
岑徐徐全中島劉

クリエイツかもがわ
CREATES KAMOGAWA

まえがき

　わが国の65歳以上の高齢者人口は、内閣府（2018）『平成30年版　高齢社会白書』による2017年10月1日現在の推計で、3,515万人となった。高齢化率は27.7％であり、これは世界一である。高齢化の進行とともに、65歳以上のひとり暮らし高齢者の増加は男女ともに顕著である。2015年の高齢者人口に占めるひとり暮らし高齢者の割合は、男性13.3％、女性21.1％に上っている。

　ひとり暮らし高齢者の増加に伴い、高齢者の孤立死が注目されるようになった。わが国で孤立死問題が注目されるようになったきっかけは、阪神・淡路大震災後の仮設住宅や災害復興公営住宅で起きた孤立死である。そして、孤立死が起きる背景として、仮設住宅や災害復興公営住宅で暮らす住民の社会的孤立が注目された。しかし、社会的孤立は仮設住宅や災害復興公営住宅に限らず、他の都市部や農村部でも起きていることが明らかにされた（河合2015）。

　わが国において、社会的孤立を生み出した背景の1つに社会変動がある。戦後の「高度経済成長政策」は、国家による産業基盤の整備の政策、税制・金融政策を通じた資本の高蓄積と都市労働力の創出政策である。それは、農業労働人口の都市部への大移動とそれに伴う大都市の過密（いわゆる「都市化」）と農村の過疎、生活環境の悪化という社会変動をもたらした。

　都市化のもとで生まれた生活問題は、社会的な生活基盤が未整備のままの都市部へ低賃金労働者を集中させた結果として現れたものであり、それは高家賃と住宅難、交通災害、教育施設・公共施設の不足、福祉施設・サービスの極度な立ち遅れなどのなかでの勤労階層の生活困難であった。

　同時に、農村的大家族の形態から小規模な労働者家族形態（核家族）への変容、それに伴う家族の再生産の困難でもあった。それは急増する働く子育て世帯の保育の困難であり、老親の扶養、障害者の家族の困難などである。

北東アジアでも歴史的・社会的背景は異なるが似たような社会変動が起きている。たとえば韓国では、1962年から実施された経済開発5か年計画など経済成長優先政策のもとで、農村人口の大都市への流入が加速化された。中国では、1978年以降の改革開放政策による都市部への労働力の移動と生活様式の変容、生活格差の拡大である。産業化の進んだ香港でもまた、高齢者の生活問題は重要な課題となっている。

　このようななかで高齢者の社会的孤立問題は、日本を含む北東アジアにおいて共通の課題だといえる。

　「高齢者の援助拒否・孤立・潜在化問題研究会」では、2004年より高齢者の援助拒否や社会的孤立、そして高齢者が抱えている生活課題が潜在化している問題をテーマとして研究を行ってきた。この間の本研究会の詳細な取り組みについては第1部第3章を参照されたい。

　本書では、「高齢者の援助拒否・孤立・潜在化問題研究会」の15年間の活動を通して明らかとなってきた日本における高齢者の社会的孤立をめぐる問題の概況と、日本を含む北東アジアに共通する高齢者の生活課題や社会的孤立についてまとめ、高齢者に対する政策課題について検証する。

　　2019年2月

　　　　　　　　　　　　　　　　　　　　　　　　　　　　編著者一同

文献
河合克義、2015、『老人に冷たい国・日本』光文社
内閣府、2018、『平成30年版　高齢社会白書』（2018年8月20日取得、http://www8.cao.go.jp/kourei/whitepaper/w-2018/zenbun/30pdf_index.html）

北東アジアにおける高齢者の生活課題と社会的孤立
―日本・韓国・中国・香港の今を考える―

目次

まえがき 3

 # 第1部 日本における高齢者の社会的孤立問題

第1章 日本における高齢者の社会的孤立問題の概況
——日本における高齢者の孤立問題と研究動向① ……………… 10

はじめに 10
1. 高齢者の社会的孤立問題の概況 12
2. 高齢者の社会的孤立をめぐる課題 22
おわりに 23

第2章 日本における高齢者の社会的孤立問題への着目
——日本における高齢者の孤立問題と研究動向② ……………… 25

はじめに 25
1. 戦後から1990年代までの独居高齢者施策の概要 25
2. 1960年代から1970年代前半までの社会的孤立問題への着目と政策提言 27
3. 1970年代後半〜1990年代の社会的孤立問題への着目と政策提言 29
4. 2000年介護保険制度以降の孤立高齢者問題への対応 34
おわりに 37

第3章 高齢者の援助拒否・孤立・潜在化問題研究会の問題提起——日本における高齢者の孤立問題と研究動向③ …………… 39

はじめに 39

1. 明らかになった高齢者の生活の悪化とその普遍性
　　　——民生委員調査、介護支援専門員調査、地域包括支援センター
　　　　調査を通じた「高齢者の援助拒否・孤立・潜在化」調査から　40
　2. 高齢者の生活の悪化（生活後退）事例から見えること　42
　3. 高齢者世帯の社会的孤立と生活後退との関係
　　　——調査からいえる高齢者世帯の社会的孤立傾向　47
　4.「潜在化」の考え方　50
　おわりに代えて——研究の到達点と今後の課題　54

第4章　高齢者の生活問題と社会的孤立　58

　はじめに　58
　1. 高齢者の生活問題——格差のある高齢期の生活と日常生活の困難　58
　2. 高齢者の援助拒否・孤立・潜在化問題研究会の事例研究から　61
　3. 高齢者の社会的孤立を捉える視点——先行研究から　65
　4. 高齢者の社会的孤立の背景と形成過程を考える　69
　おわりに　75

第5章　孤立死から考える高齢者の社会的孤立問題　76

　はじめに　76
　1. 身近になった孤独死　77
　2. 高齢者の孤立死・孤独死の実態　80
　3. 孤立死問題とは何か　86
　おわりに　89

第6章　日本における高齢者の孤立防止、見守り活動　91

　はじめに　91
　1. 国による社会的孤立・孤立死対策の取り組み　92
　2. 高齢者の見守り活動　98
　おわりに　103

第2部 北東アジアにおける高齢者の生活課題と社会的孤立問題の現状

第1章 韓国都市部における高齢者の貧困と孤立 ……… 106

はじめに　106
1. 韓国における高齢者の貧困とその背景　107
2. 高齢者の生活困難の状況と孤立の実態　113
3. 深刻化する高齢者の貧困と孤立問題への対応　117
おわりに　120

第2章 韓国都市部における無縁社会問題 ……… 122

はじめに　122
1. 「無縁社会」の現れ　122
2. 韓国における孤独死の現状　125
おわりに　134

第3章 中国東北部沿海地域都市部の空巣老人の生活問題
　　　　――大連市都市部の空巣老人の生活問題を中心に ……… 137

はじめに　137
1. 中国都市部における「空巣家庭」問題生成の背景と原因　138
2. 中国都市部における空巣老人の生活問題　140
3. 事例調査から捉えた大連市都市部の空巣老人の生活問題　142
おわりに　150

第4章 中国東部沿海地域都市部における空巣老人の生活 ……… 152

はじめに　152
1. 都市部における空巣世帯の形成要因と実態　153
2. 浙江省における空巣老人の現状と地域支援　157
3. 空巣老人の生活実態と養老意識　158
おわりに　166

第5章　中国西北部における空巣家庭と養老意識
　　　　──三線建設時代を体験した高齢者の場合 ……… 168

　はじめに　168
　1．甘粛省D市の概要と高齢者の状態
　　　　──内陸部の甘粛省とD市の概要　169
　2．甘粛省D市高齢者課題の歴史的背景　172
　3．三線建設で残された高齢者問題
　　　　──甘粛省D市の概要における空巣家庭と養老意識　174
　おわりに　180

第6章　香港における高齢者の貧困と孤立問題の現状 ……… 183

　はじめに　183
　1．高齢社会になった香港　184
　2．香港における高齢者福祉制度　186
　3．香港における高齢者の貧困と孤立問題の実態　189
　4．香港における高齢者の貧困と孤立問題への挑戦　194
　おわりに　196

中国本土の高齢者事情に関する用語の解説　200
あとがき　204

第1部 日本における高齢者の社会的孤立問題

第1章

日本における
高齢者の社会的孤立問題の概況
―― 日本における高齢者の孤立問題と研究動向①

はじめに

　現在、日本では高齢者にかかわる保健・医療・福祉分野を中心として、地域包括ケアシステムの構築に関する論議が盛んに行われている。この地域包括ケアシステムに関する論議は介護保険法施行後に始まったものである。

　地域包括ケアシステムは、厚生労働省老健局長の私的研究会である高齢者介護研究会「2015年の高齢者介護～高齢者の尊厳を支えるケアの確立について～」[1]で初めて用いられた。報告書の中で地域包括ケアシステムについての具体的な提起があり、その提言を踏まえ、2006年の介護保険法改定で、地域包括ケアシステムの具体的取り組みの中心的な役割をもった地域包括支援センターと地域密着型サービスが創設された。

　2010年3月には「地域包括ケア研究会報告書」[2]が公表され、これ以降、地域包括ケアシステムの構築に関する議論が広く展開されるようになった。地域包括ケア研究会は2013年に「地域包括ケアシステム構築における今後の検討のための論点」、2014年に「地域包括ケアシステムを構築するための制

---

[1] 高齢者介護研究会報告書「2015年の高齢者介護～高齢者の尊厳を支えるケアの確立に向けて」平成15年3月（2017年8月29日取得、http://www.mhlw.go.jp/stf/seisakunitsuite/bunya/hukushi_kaigo/kaigo_koureisha/chiiki-houkatsu/）
[2] 地域包括ケア研究会「地域包括ケアシステム研究会報告書～今後の検討のための論点整理～」(2017年8月29日取得、http://www.murc.jp/sp/1509/houkatsu/houkatsu_01.html)

度論等に関する調査研究事業　報告書」、2016年には「地域包括ケアシステム構築に向けた制度及びサービスのあり方に関する研究事業報告書」をそれぞれ公表している。

そして、「地域における医療及び介護の総合的な確保を推進するための関係法律の整備等に関する法律」が、2014年6月に成立した。2015年4月に施行された改定介護保険法では、地域包括ケアシステムの構築が主な課題の一つとなっており、介護保険制度のなかで地域における自助・互助の役割がさらに増大している。

いまや「地域包括ケアシステムの構築」の取り組みは市町村の介護保険事業計画に必ずといっていいほど盛り込まれ、まさに最重要課題の1つに位置づけられている。地域包括ケアシステムの構築は少子高齢化・多死社会の進行のもと、医療・保健・福祉の社会保障全般にわたる命題となっている。

しかしその一方で、特に高齢者を中心として、孤立死に象徴される社会的孤立の問題が拡大の傾向にある。地域包括ケアシステム構築の目的が「地域で生活する1人ひとりを包括する」ことであれば、「包括」とは対照的な「排除」の象徴ともいえる社会的孤立が引き起こされる背景を検討することは重要であろう。そのことによって、名実ともに1人ひとりが「地域包括」される仕組みが構築されるのである。地域包括ケアシステムの「重点化」のもとでの排除の状況を明らかにすることが大切であると思われる。

高齢者の社会的孤立と「孤立死（孤独死）」は、阪神淡路大震災後の仮設住宅での「孤独死（孤立死）」の増加で注目された（額田、1995）。その後、無縁死に代表されるマスコミ等の報道もあいまって広く知られることになった。

さらに2010年の「高齢者所在不明問題」で、独居の高齢者のみならず多世代で居住する世帯でも、高齢者の年金に頼らないと生活できない家族が存在することが話題となった。その結果、主にひとり暮らし高齢者の問題と想定されていた高齢者の社会的孤立は、高齢者を取り巻く家族の生活問題を含んでいる場合もあることが明確になってきた。

同時にこれは、ひとり暮らし高齢者に限らず高齢者と障がい者、障がい者を含んだ兄妹世帯や母子世帯など、生活基盤が脆弱な多世代の問題でもあることが明らかとなってきた。いわゆる「老々世帯」「認々世帯」という高齢

者のみの世帯に限らず、児童虐待や若者世代のワーキングプアの問題などが社会的な関心にもなっている。多世代に問題が拡散してきている、ということであろう。

　ここでは高齢者の社会的孤立に問題を絞って、日本における高齢者の社会的孤立を論議する意義について検討し、社会的孤立の結果として現れている問題の中から主に、ⅰ介護殺人を含む高齢者虐待、ⅱ認知症高齢者といわゆる「セルフ・ネグレクト」について論述する。そして、ⅲ京都市における「ひとり暮らし高齢者全戸訪問事業」結果の中から、訪問時に緊急対応が必要と判断された事例を紹介する。

1. 高齢者の社会的孤立問題の概況

(1) 社会的孤立問題を論議する意義

　なぜ社会的孤立は問題となるのか。第1にあげられるのは、社会的孤立は孤立死の予備軍であるという見方であり、孤立死は人間の尊厳の上で防がなければならない、との指摘である。ほかには、社会的孤立が健康の社会的決定要因の1つで、要介護、死亡率の上昇にも関係しており、将来に対する不安の拡大、抑うつ傾向、自殺率の上昇につながり、ひいては健康寿命の喪失に関わることが指摘されている（斎藤、2013）。

　第2に、社会的孤立が社会保障費・介護・医療費の増加を招くという、財政面での問題の指摘もある。社会的孤立は要介護を進行させ、非孤立群に比べて孤立群のほうが医療・介護の総額が高く、社会保障費を増大させる可能性があるともいわれている（小池、2015）。

　一番大事なことは、「根本的には個人の尊厳という観点から孤立死は避けなければならない」（平成20年版『高齢社会白書』）ということであろう。2000年の介護保険法の施行により措置制度から契約制度に移行したが、契約制度は「『孤立状態に陥っている人』『問題を抱えていても助けてと言えない人々』への対応を想定していない」など社会政策的な問題の指摘（河合、2013）もある。

また、判断力に支障がある場合を想定して成年後見制度が介護保険法と同時に施行されたが、このいずれも自らサービスを求めない人々の存在は考慮していない。「社会福祉が対象とする問題と、政策が切り取る範囲とのズレ」(真田、1975) といえるであろう。

　社会的孤立、ひいては孤立死や虐待死、介護心中や自殺、介護殺人などの問題は、1人ひとりが1人の人として尊厳のある健康的で文化的な生活を送ること自体が障害されている典型的な事象であり、これらを防ぐことは第一に重視されなければならない。

(2) 介護殺人などを含む高齢者虐待と介護・看護疲れを主な原因とする自殺の概況

　厚生労働省は2006年度より、高齢者虐待の防止、高齢者の養護者に対する支援等に関する法律 (以下、高齢者虐待防止法) にもとづいて、高齢者虐待に関する統計資料を公開している。同法に規定する「高齢者虐待」とは、養護者による高齢者虐待および養介護施設従事者等による高齢者虐待をいうが、ここでは社会的孤立の結果として起こっている典型的な事例の1つとして地域における養護者による高齢者虐待を取り上げる。

　2017年8月時点の高齢者虐待防止法にもとづく2006年度から2015年度までの虐待統計を見ると、この10年間の平均相談・通報件数は23,604件、虐

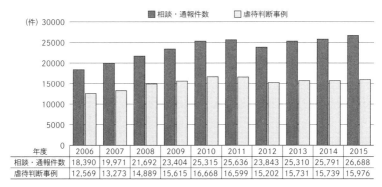

図1　養護者による虐待相談・通報、虐待判断件数年次推移
(出所) 厚生労働省「高齢者虐待防止法に基づく調査結果」より筆者作成

第1部　日本における高齢者の社会的孤立問題

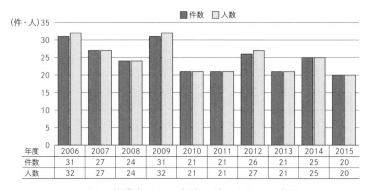

図2　養護者による虐待などによる死亡事例
（出所）厚生労働省（2017年8月30日取得, http://www.mhlw.go.jp/stf/seisakunitsuite/bunya/hukushi_kaigo/kaigo_koureisha/boushi/）より筆者作成

待判断事例件数の平均は15,226件と、相談・通報の約7割が虐待と判断されている。また、相談通報件数、虐待判断事例ともに年ごとに徐々に増加しており、相談・通報件数は10年間で約1.5倍、虐待判断事例は約1.3倍になっている（図1）。

　同資料では、虐待通報に関連した、養護者の虐待による死亡件数も公表されている。それによると年度ごとに若干ばらつきはあるが、2006年度から2015年度の平均が24.7件、約25人となっている。全体としては年度ごとにやや減少傾向にある（図2）。

　一方、警察庁では2007年より犯罪統計において罪種が介護・看護疲れによる殺人・自殺関与・傷害致死の統計を公表している（表1）。それによると2007年から2015年までの9年間で介護・看護疲れを理由としたものは、殺人398件、自殺関与17件、傷害致死22件、合計437件にのぼっている。年間平均は殺人44.2件、自殺関与1.9件、傷害致死2.4件、これらの罪種を合計した年間平均は48.6件である。

　男女別に見ると、男性による件数が女性の約1.6倍となっている。年ごとの件数の推移は2011年と2013年にピークはあるが全体としてはやや減少傾向にある。しかし、男女別に見ると男性による件数は全体的に同数に近い値で推移しており、2015年には増加に転じている。今後の推移に注意していく必要があると思われる。

第1章　日本における高齢者の社会的孤立問題の概況

表1　罪種別主たる被疑者の犯行の動機・原因別検挙件数（殺人・自殺関与・傷害致死）

罪種別	殺人			自殺関与			傷害致死			合計		
性別	男性	女性	合計	男性	女性	合計	男性	女性	合計	男性	女性	合計
2007年	19	11	30	0	0	0	1	1	2	20	12	32
2008年	26	20	46	2	0	2	3	2	5	31	22	53
2009年	32	17	49	2	0	2	3	0	3	37	17	54
2010年	34	21	55	1	1	2	1	0	1	36	22	58
2011年	26	22	48	1	5	6	3	2	5	30	29	59
2012年	22	16	38	1	0	1	3	0	3	26	16	42
2013年	29	20	49	1	0	1	2	0	2	32	20	52
2014年	23	18	41	1	0	1	0	0	0	24	18	42
2015年	32	10	42	2	0	2	0	1	1	34	11	45
合計	243	155	398	11	6	17	16	6	22	270	167	437

（出所）警察庁　犯罪統計より筆者作成

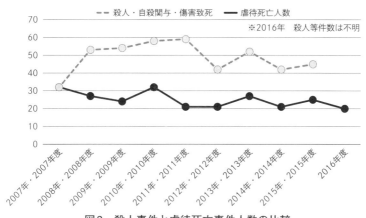

図3　殺人事件と虐待死亡事件人数の比較
（出所）内閣府自殺統計資料と高齢者虐待防止法データより筆者作成

　高齢者虐待にかかる死亡事例件数と警察庁公表の介護・看護疲れによる殺人・自殺関与・傷害致死の件数の平均を比較すると、後者が前者の約1.9倍に相当する（図3）。高齢者虐待防止法の施行後、保健・医療・福祉関係者などや地域住民からの高齢者虐待に関連する相談・通報件数が増加しているが、殺人・自殺関与・傷害致死に関わる件数を考えると、重大事件を引き起こす前に把握されるべき事態が、いまだかなり存在していると予想される。
　今後さらに、リスクのある事例の発見、重大事件を起こさない適切な援助の仕組みの構築と介護者支援など、殺人事件の防止に関する取り組みが必要

15

と思われる。

(3) 認知症高齢者といわゆる「セルフ・ネグレクト」

　厚生労働省研究班（代表者・朝田隆筑波大教授）は、2012年時点の認知症高齢者数を軽度者を含めて約462万人、軽度認知機能障害（MCI：Mild Cognitive Impairment）400万人を含めると65歳以上の4人に1人と推計した。そして2025年には470万人、65歳以上人口に対する比率を12.8％と推計している[3]。高齢化の進行とともに、認知症高齢者の増加も予測されている。前述の高齢者虐待防止法にもとづく養護者による高齢者虐待件数の約7割が認知症の事例であるが、今後、高齢者虐待件数も増加が予測される。

　高齢者虐待に対する取り組みと併せて、「セルフ・ネグレクト」という言葉も広く知られるようになってきた。

　「セルフ・ネグレクト」の研究の始まりは1950年代のイギリスであり、1960年には「高齢者の仙人や隠匿」調査が行われた。アメリカでは1983年に高齢アメリカ人法改正で高齢者虐待の定義づけがなされ、セルフ・ネグレクトも定義された。アメリカでは「セルフ・ネグレクト」は自分自身による人権侵害であるという理由で、第三者による高齢者虐待とセルフ・ネグレクトとは区別されている。

　日本ではアメリカの影響を受けて、「セルフ・ネグレクト」に関する議論が始まった。日本における「セルフ・ネグレクト」の定義は、大阪高齢者虐待防止研究会（現在は日本高齢者虐待防止学会）の「高齢者が通常1人の人として、生活において当然行うべき行為を行わない、あるいは行う能力がないことから、自己の心身の安全や健康が脅かされる状態に陥ること」（津村智恵子、2006）が一般的に知られている。意図的、あるいは無意図的な場合の両方を含んだ定義となっている。

　現在、「セルフ・ネグレクト」は第三者による高齢者への権利侵害ではないため、高齢者虐待の一類型として扱うかどうかは意見が分かれている。実

3　厚生労働科学研究費補助金　認知症対策総合研究事業、「都市部における認知症有病率と認知症の生活機能障害への対応」2011年度〜2012年度『総合研究報告書』：8

際、2006年に制定された高齢者虐待防止法では「セルフ・ネグレクト」は虐待類型には含まれていない。

一方、東京都の高齢者虐待対応マニュアルでは虐待類型に含まれている。また、日本高齢者虐待防止学会では「セルフ・ネグレクト」を高齢者虐待の一類型として新たに追加するように働きかける動きもある。

「セルフ・ネグレクト」の具体的な特徴としては、①身体が極端に不衛生、②失禁や排泄物の放置、③住環境が極端に不衛生、④通常と異なって見える生活状態、⑤生命を脅かす自身による治療やケアの放置、⑥必要な医療・サービスの拒否、⑦不適当な金銭・財産管理、⑧地域の中での孤立、があげられている（岸、2014、2013）。

津村の「セルフ・ネグレクト」の定義にもとづいて岸らが実施した「セルフ・ネグレクト」に関連した全国調査では、「セルフ・ネグレクト」の実態が次のように報告されている。

まず事例属性では、自立度が比較的高く、半数が介護保険未申請、約9割が精神障害者手帳不所持とされる。心身状態では性格や人格の障害がある者が約6割で、アルコール問題、精神疾患が約2割。内科的疾患では、糖尿病罹患が約1割、その他治療が必要な疾患が約4割。その多くが、栄養不良や必要なサービスの拒否による生命に関わる深刻な状況にあるという。

また、孤立死事例の約8割が「セルフ・ネグレクト」と考えられるという指摘や、「セルフ・ネグレクト」が孤立死のハイリスクであるという記述も見られる（ニッセイ研究所調査、2010）。

これらの「セルフ・ネグレクト」の特徴や実態を見ると、意図的に「生活において当然行うべき行為を行わない」のではなく、無意図的で「行う能力がない」場合が多い。「セルフ・ネグレクト」の定義にある、生活を行う能力についての第三者による判断は非常に難しいが、認知機能の低下している高齢者など、生活において当然行うべき行為を行う能力がない場合は、自ら支援を求めることが困難であり、認知機能が保持されている上で「行わない」意図的な場合とは明確に区別されるべきであろう。

さらに、「セルフ・ネグレクト」＝自己放任と訳されているが、これは「セルフ・ネグレクト」状態を来たした原因が自己責任と誤解されかねない表現

であり、自己責任論が入り込む隙を与えるものである。

　認知症高齢者の例で考えると、認知機能の低下に伴い、生活援助を自ら求める行動ができず、その結果、地域から支援の対象者として見られなくなってしまう、潜在化してしまうことが予測される。そのことでさらに生活の後退を招く。このような事例では生活後退を来たしたことに関して、決して本人に責任はない。生活支援が必要であるにもかかわらず、何らかの理由によって支援が受けられない状況なのである。

　岸は「セルフ・ネグレクト」を高齢者虐待の類型に含める理由について、「日本においては、生命や健康に悪影響を及ぼしている『セルフ・ネグレクト』事例に介入できる直接的な法律がない」（岸、2013）と述べているが、介入できる根拠法令はすでに存在している。地域包括支援センターを対象とした調査で、地域包括支援センターが介護保険法にもとづく包括的支援事業の一環として、自ら支援を求めない高齢者に対するアウトリーチ機能を果たしている報告も見られる（隅田、2016）。

　介護保険法が施行されて以降、選択と契約によるサービス利用が基本となったが、自ら支援を求めない人々に対しては、老人福祉法による措置が法的に継続している（老人福祉法1963年法律第133号、第10条の4第1項、第11条第1項第2号）。高齢者虐待防止法は介入や分離・保護は規定しているが、分離・保護の受け皿に関しては高齢者虐待防止法に法的な根拠はなく、老人福祉法にもとづく措置に拠っている。

　認知症や精神障害など認知機能の障害に起因して、著しく判断能力が低下している無意図的「セルフ・ネグレクト」の場合は、認知症や精神障害などの疾病や障害がさせていることであり、本人の意思にかかわらずネグレクト状態になってしまっているとも考えられ、「人権擁護の観点から介入の根拠が明確であり、必要な場合は措置制度や成年後見制度申し立ての対象にもなると思われる」（野村、2007）。

　厚生労働省も「社会的な援護を要する人々に対する社会福祉のあり方に関する検討会」（2000.12.8.）による取りまとめをはじめとする、高齢者の社会的孤立防止に対する働きかけを継続している。総務省も「高齢者の社会的孤立の防止対策などに関する行政評価・監視結果に基づく勧告」を出し、内閣府、

総務省(消防)、厚生労働省、経済産業省の勧告先に向け、2013年に1回目、2015年には2回目の勧告にもとづくその後の改善状況を取りまとめている。

(4) 京都市における「ひとり暮らし高齢者全戸訪問事業」について

　ここでは介護保険法にもとづいて取り組んでいる、京都市の「ひとり暮らし高齢者全戸訪問事業」を取りあげる。
　京都市では介護保険法の地域支援事業の中の包括的支援事業の一環として、2012年6月から地域包括支援センターによるひとり暮らし高齢者の全戸訪問事業を実施している。この事業はひとり暮らし高齢者の悉皆調査ともいえ、調査結果はひとり暮らし高齢者の生活実態を反映している。そのため、この事業の結果を京都市の資料から引用して、ひとり暮らし高齢者の社会的孤立の傾向についての参考とする。
　京都市の高齢者は、人口393,143人(65歳以上人口)／1,475,183人(総人口)、高齢化率26.7％、65歳以上ひとり暮らし86,310人[4]である(2015年国勢調査)。
　この事業の目的と方法、実施状況は以下のとおりである。
・**目的**：2012年6月から、京都市の委託業務である包括的支援事業の一環として、「高齢サポート」(地域包括支援センター)職員が、専門的な知識や経験にもとづく訪問活動をすることにより、「支援が必要な高齢者を把握し、適切な支援につなげていくこと」を目的とする。
・**方法**：
　①**事前準備**：高齢サポートから、各学区の地域福祉組織(民生児童委員協議会、社会福祉協議会)に対して、定期的に訪問されている高齢者かどうかの情報収集や、可能な範囲で顔つなぎのための同行訪問などの協力依頼を行う。
　②**訪問前の調整**：地域で孤立している可能性がある、地域福祉組織が訪問されていない単身高齢者から優先順位をつけて、高齢サポートから、郵送、電話等により訪問のお知らせを行い、訪問日時を約束する。

4　京都市統計ポータル
　(2017年9月6日取得、https://www2.city.kyoto.lg.jp/sogo/toukei/Population/)

「面談辞退」：訪問のお知らせを郵送後、辞退の連絡があった場合は、理由等を聞き取った上で訪問活動を報告する。

「接触継続中」：訪問のお知らせを2回郵送しても連絡がない場合は、直接自宅を訪問し、面談ができなかった場合は、不在連絡票を投函するとともに自宅の状況を確認する。その後、連絡がない場合は一旦訪問活動を終了する。

③訪問活動の実施：単身高齢者の自宅等を高齢サポート職員が訪問し、日常生活での困り事、悩み事などの相談に応じるとともに、元気なうちから取り組める介護予防に関する情報など、各種サービスや制度の紹介を行う。また、「地域における見守り活動促進事業」についても説明し、地域福祉組織への個人情報の提供に関する同意書の提出を受ける。⇒『面談実施』

④個別支援：単身高齢者の希望や、心身の状況に応じて、地域福祉組織による日常的な見守りのほか、要介護認定の申請、医療機関の受診等の具体的な支援につないでいく。

・訪問活動の実施状況：

表2　個別支援の実施状況

年度	面談実施	面談辞退	接触継続中	単身世帯高齢者合計
2012	26,481	24,253	20,714	71,448
2013	28,175	24,507	19,931	72,613
2014	28,583	27,300	19,796	75,679
2015	28,610	29,992	19,871	78,473

表3　京都市におけるひとり暮らし高齢者全戸訪問事業実施状況

支援ニーズ区分	緊急支援が必要	継続的な支援が必要	継続的な状況把握が必要	地域福祉組織などによる見守りで対応	合計
2012	247	7,090	7,210	11,934	26,481
2013	282	6,762	7,241	13,890	28,175
2014	242	5,623	5,792	16,926	28,583
2015	147	5,093	5,181	18,189	28,610

（出所）表2・3とも京都市情報館（2017年9月7日取得、http://www.city.kyoto.lg.jp/hokenfukushi/page/0000200646.html）の資料より筆者作成

・支援区分で緊急支援が必要な具体的な対応事例

**表4　京都市におけるひとり暮らし高齢者全戸訪問事業実施状況；
支援区分で緊急支援が必要な具体的な対応事例**

年度	具体的な対応事例
2012	・「食欲がない、転倒を繰り返している、かかりつけ医もいない」との申し出があり。近隣の診療所の受診につなげるとともに要介護認定の申請代行を行った。(82歳男性) ・これまで支援に繋がらなかった認知症のおそれのある方に、民生委員と一緒に訪問して認知症専門医の受診、介護サービスの利用、親族の関与につなげることができた。(90歳女性) ・顔面に出血痕があるが、本人は何故出血しているのか理解していない。下肢の血行障害も見られ、救急車で搬送後、入院に繋げた。(74歳女性)
2013	・右上下肢の脱力、麻痺感があるなど体調がすぐれないとの申し出があり。近隣の診療所の受診につなげるとともに要介護認定の代行申請を行った。(71歳男性) ・認知症が進行し、自宅がごみ屋敷状態であり、お金の管理も無理な状態であったため、要介護認定の代行申請、成年後見制度の申し立てを行った。(84歳女性) ・最近、物忘れが多く、電気料金の支払いなどの金銭管理ができなくなっており、電気の使用停止通知もあった。要介護認定の代行申請を行い、金銭管理を息子に引き継いだ。(82歳女性)
2014	・自宅で転倒し、背部を強打して歩くのもままならなくなった。本人は当初拒否的であったが、粘り強く働きかけることで医療機関の受診につなげるとともに、要介護認定の申請代行を行った。 ・訪問時のやり取りから認知症が疑われ、家の中もごみ屋敷状態になっていて火事の危険がある状態であったため、要介護認定の申請代行を行った。
2015	・高齢サポートが緊急支援を行い、医療機関や居宅介護支援事業所などに引き継いでおり、その後の対応は主に引き継いだ機関が実施しているが、高齢サポートも必要に応じて支援を実施している。

(出所) 京都市情報館 (2017年9月7日取得、http://www.city.kyoto.lg.jp/hokenfukushi/page/0000200646.html) の資料より抜粋、筆者作成。下線は筆者

　京都市の「ひとり暮らし高齢者の全戸訪問事業」に従事しているのは、61か所ある地域包括支援センターの担当者である。人口約147万人、高齢化率26.7％の政令都市がこのような事業を実施していることは、全国的にも先進的な取り組みであろう。実施状況は（表2、3）のとおりである。

　実施状況は単身高齢者の増加に見合って全体的に増加しているが、面談実施および面談辞退がそれぞれ平均約40％、接触継続中が25％で推移している。

　面談実施者の個別支援の実施状況を見ると、面接実施者のうち緊急支援が必要な高齢者は約1％、継続的な支援が必要なケースは26〜18％で、合わせた緊急あるいは継続的な支援が必要な場合が約25％程度である。特に、緊急支援が必要な具体的な対応事例（表4）に記載されている対応内容は注目す

る必要がある。なかには緊急入院が必要であった例もある。

一覧表に記載されている具体的な事例は200余事例中の1〜2例に過ぎないが、高齢者の社会的孤立の典型的な事例であると思われる。いずれも全戸訪問事業によって発見された事例であり、認知症などのため生活において当然行うべき行為ができず、自ら支援を求めることが困難な人々であることが推測される。

2. 高齢者の社会的孤立をめぐる課題

これまで高齢者の社会的孤立をめぐる研究や公表されている資料を概観してきた。社会的孤立の定義や要因、尺度の未確立など、基本的な枠組みの問題が残っているが、現時点での課題として以下の2点をあげる。

まず1点目は、孤立の進行をいかに防ぎ、適切な支援が得られる環境を準備できるかということである。それには、地域を網羅したスクリーニングの仕組みを用意することである。前述した京都市の取り組みでは、全戸訪問で少なくない孤立しつつある高齢者を発見している。

社会的に孤立した高齢者の多くは、認知機能の低下などにより自ら援助を求めるのが困難であることが明らかになってきている。これまでの研究で、孤立のリスクが高い項目については一定共通した認識となっているが、リスクの高い高齢者をスクリーニングの仕組みでいかに発見するかという、発見の仕組みの構築の課題は残っている。

2点目は、社会的孤立のリスクの高い高齢者を発見した後、いかに適切な支援を継続できるかという継続支援の仕組みの構築の課題である。これは相談援助等を専門とする専門職と、本人・家族・地域住民等との地域における専門職のネットワークの構築の問題でもあろう。

ゴミ屋敷や援助拒否に代表される「セルフ・ネグレクト」といわれる事例の多くは、むしろ「ソーシャル・ネグレクト」ともいえる。なぜなら、本来は援助が必要であるにもかかわらず、認知機能低下など何らかの理由により自ら援助を求めることができないため、社会的に必要な援助が得られていな

い状態にあるからだ。どちらかといえば自己放任ではなく、自分が抱えている問題が何であるかもわからず、制度の情報ももたない、あるいは制度を利用することなど思いつきもしない人々の存在を見落としている社会の側の問題である（河合克義、2013）。

福島は、「全ての高齢者が住み慣れた地域で安定した生活を続けるためには、認知機能の低下をきたしたとき、誰もが必要な支援を得る必要がある。家族の相互支援機能が脆弱な世帯においては、認知機能が低下しつつある本人（あるいはその家族）が、『自ら支援を求めない』か『サービス利用に拒否的』である場合、専門的な支援が必要となる」（福島喜代子、2017）と述べている。

「自ら支援を求めない」あるいは「サービスに拒否的」なのは、支援の必要な状況が現象として現れているに過ぎない。必要な時期に適切な支援を受けられる対策と、孤立を生み出さないことこそ大切である。すべての高齢者が健康で文化的な最低限度の生活を享受することが保障されることこそ重要な課題であろう。

おわりに

この章では、高齢者の社会的孤立の結果として現れている問題を紹介してきた。現在、地域包括ケアシステムの構築が、高齢者に関わる保健・医療・福祉の大きな政策課題として取り組まれている。

しかし、期待された結果と相反する問題が、ますます深刻化しているのではないだろうか。地域包括ケアシステムの構築の取り組みの進化と相反する排除の現象の深刻化の背景を明らかにすることこそ、地域包括ケアシステムがめざす包括の実現に結びつくのではないかと考える。このことは今後の継続した課題である。

（三浦ふたば）

文献
・河合克義他編、2013、『社会的孤立問題への挑戦』法律文化社：20

第1部　日本における高齢者の社会的孤立問題

- 岸恵美子、2012、『ルポ　ゴミ屋敷に棲む人々　孤立死を呼ぶ「セルフ・ネグレクト」の実態』幻冬舎：30
- 岸恵美子、2013、「ごみ屋敷にすむ人々　セルフ・ネグレクトの実態と対応」『日本在宅ケア学会誌』17（127）：27-32
- 小池高史他、2015、「高齢者の孤立予防は社会保障費抑制につながるか？」『老年社会科学』37（2）
- 厚生労働科学研究費補助金　認知症対策総合研究事業、『都市部における認知症有病率と認知症の生活機能障害への対応』2011年度〜2012年度　総合研究報告書：8
- 斎藤雅茂他、2013、「高齢者の生活に満足した社会的孤立と健康寿命喪失との関連」『老年社会科学』35（3）
- 真田是、1975、『社会福祉論』有斐閣双書
- 隅田好美他、2016、「地域支援センターにおける認知症の人と家族の支援およびその関連要因」『社会福祉学』57（1）：125-37
- 津村智恵子、2009、「セルフ・ネグレクト防止活動に求める法的根拠と制度的支援」『高齢者虐待防止研究』5（1）：62
- ニッセイ基礎研究所、2011、『平成22年度老人保健事健康増進事業　セルフ・ネグレクトと孤立死に関する実態把握と地域支援のあり方に関する調査研究報告書』：57
- 野村祥平、2007、「高齢者のセルフ・ネグレクトに関する先行研究の動向と課題」ルーテル学院研究紀要：テオロギア・ディアコニア41：101-16
- 額田勲、1999、『孤独死―被災地神戸で考える人間の復興』岩波書店
- 福島喜代子、2017、「地域包括支援センターの機能、現状と展望　サービス利用に拒否的な高齢者の支援に焦点をあてて」『老年社会学雑誌』28（3）：254-61

第2章

日本における高齢者の社会的孤立問題への着目
——日本における高齢者の孤立問題と研究動向②

はじめに

　本章では、戦後日本における高齢者の社会的孤立問題（以下「孤立問題」と短縮することがある）への着目がどのようになされたか、主に諸審議会の建議、政府内検討会の報告などの「政策文書」を通じて概観する。

　高齢者の孤立問題は1960年代末に着目され、以降、政策文書等では「孤独」「孤立」「社会的孤立」という表現での言及は見られたが、「孤立問題」対策としての施策はほとんどない。ただし関連する施策として独居老人施策は展開された。2000年代に入り、孤独死問題は社会問題として取り上げられた。

1. 戦後から1990年代までの独居高齢者施策の概要

(1) 戦後から1950年代の施策

　戦前の日本では、恤救規則や救護法のなかで身寄りのない高齢者への対策があったが、「孤立」自体を取り上げたものは見られない。

　戦後の高齢者福祉施策も1963年に老人福祉法が施行されるまでは、生活保護法内の老人施策が主なもので、旧生活保護における「養老院」（養老施設）

以外に高齢者の社会福祉制度はなかった。

1960年代に、老人福祉法が制定されるなど福祉六法体制が成立した。この時代には、1950年代末からすすめられた「高度成長」による大きな社会変動があった。

(2) 1960年代以降の独居高齢者施策

社会福祉施策で「孤立問題」がそのまま取り上げられることは少なく、多くは独居高齢者施策として展開された。それは、「見守り」「安否確認」など孤立問題を念頭に入れた在宅福祉施策である。また、「老人クラブ」「老人福祉センター」「通所サービス」など社会参加施策には「孤立感の解消」「孤立防止」の観点はあった。なお民生委員が「孤独死老人ゼロ運動」を行ったとされる[1]。

ここでは、1990年代末までの独居高齢者施策を中心に概観する。

高齢者を対象としたまとまった福祉制度が現れるのは、1963年に制定された老人福祉法以降である。しかし老人福祉法には、特に「孤立」や「独居」についての規定はない。ただし、養護老人ホーム入所者や家庭奉仕員の対象の相当数は独居だったと考える。

国の高齢者福祉サービスは当初厳しい所得要件、家族要件（独居）などにより限定さていたが、次第に拡充されていった。

独居問題、孤立問題に関わる在宅福祉施策を表1で簡単に整理しておく。

こうした事業は国庫補助による市町村事業として行われたが、改変があり複雑である[2]。

---

1 全国民生委員児童委員協議会が1973年に「孤独死老人ゼロ運動」などを全国で展開し、友愛訪問、相談活動などのとりくみを行った。全国社会福祉協議会・全民生委員児童委員協議会、1977、「これからの民生委員児童委員活動」、全国社会福祉協議会編、1986、『社会福祉関係施策資料集2』、64、全国社会福祉協議会「民生委員制度の百年を振り返る」（『民生児童委員のひろば』2017.2、2017年4月7日取得、http://www2.shakyo.or.jp/zenminjiren/pdf/100shunen/100_ayumi.pdf）

2 それらはたとえば「在宅老人福祉対策事業」（1976年）、「在宅高齢者等日常生活支援事業」（1992年）、「高齢者在宅生活支援事業」（1998年）、「在宅高齢者保健福祉推進支援事業」（1999）などの改定である。

表1　独居高齢者などを対象とした高齢者施策

①ホームヘルプサービス（1963年法定事業）、デイサービス（1990年法定化）
　独居のみを対象とする事業ではないが、ホームヘルプサービスの場合当初、「その家族が老人の養護を行えないような状況にある場合」となっていた。またデイサービスは社会的孤立感の解消が期待されていた。

②日常生活用具給付等事業
　1969年に、特殊寝台やマットレスなどの給付事業として国庫補助事業が開始された。国庫補助事業は、1976年「在宅老人福祉対策事業」として再編され、その後多様なメニューが加わったが、独居高齢者を主な対象としたものに、福祉電話、緊急通報装置、火災警報器、訪問事業などがある。自治体によっては、福祉電話とセットで安否確認の電話訪問も行われた。

③配食・給食
　1981年に訪問サービス事業の1つとして設けられたもので、独居老人等に給食を行う事業で配食と会食がある。独居老人の安否の確認、孤独感の解消などの効果を期待したとされる。背景には、1960年代末からの地域住民活動、自治体の独自施策があったと考えられる。

④老人福祉相談員・友愛訪問員
　老人福祉相談員は、当初過疎地域の高齢者を巡回訪問する市町村への委託事業だったが、都市部でも自治体施策として友愛訪問員として事業を行ったところもあった。

⑤在宅老人デイサービス事業には「社会的立感の解消」が目的の1つとされている。老人クラブ活動には「老人の孤独感を解消し、社会的適応性を持たせる」上で効果的とされた。

出所）『老人福祉関係法令通知集』『社会福祉六法』厚生省の全国課長会議資料などから筆者作成

　在宅老人福祉対策事業は、2000年の介護保険制度実施に伴い、居宅サービスなどの保険給付対象サービスと、国庫補助事業「介護予防・生活支援事業」（2000年）の2つに分かれた。2006年には「地域支援事業」として保険財源化され、2015年には「介護予防・日常生活支援総合事業」に統合された。

2. 1960年代から1970年代前半までの社会的孤立問題への着目と政策提言

　孤立問題と独居問題に関連して、1970年前後に多くの政策文書が出された。これは、高度経済成長政策がもたらした国民生活の歪みに対応したものである。高度経済成長期の政策文書に見られる孤立問題に関連する社会変動についての認識は、おおむね産業化（工業化）を起点とした「人口移動」「都市化」「過疎化」による「地域社会」と「家族と人間関係」の変容である。
　そこで指摘された問題状況は、都市の地域社会については「過密化」「住

宅難」「コミュニティへの意識」などであり、家族と人間関係については「核家族化」「扶養問題」「個人主義」「希薄化」と「孤独感」「不適応」、さらには「犯罪」など、問題の「社会病理的」な捉え方である。

　ここでは代表的ないくつかの政策文書を取り上げる。

　中央社会福祉審議会・老人福祉施策の推進に関する意見（中間報告）（中央社会福祉審議会、1964）は、高齢者の社会的適応、家族の愛情、社会の連帯意識の高揚が必要だとし、老人の孤独感を解消するために老人クラブ活動が有効だとした。社会活動への参加としての就労にも着目した。

　国民生活審議会調査部会老人問題小委員会の答申「深刻化するこれからの老人問題」（国民生活審議会調査部会老人問題小委員会、1968）は、「急激な都市化は住宅難を伴いがちであり、必然的に世帯分離を促進し、多くの場合老人生活を孤立化させる」と高齢者の孤立に言及し、老人問題を深刻化させる要因について、老人人口比率の上昇、老人扶養負担の増大、家族扶養の衰退、老人世帯の増加、無就業老人などの生活をあげた。

　対策では年金、老人ホーム、保健、就労、住宅対策などをあげ、定年の延長、年金支給開始年齢の繰り下げ、高齢者の就労を強調した。家族問題については、近親者との接触の確保と住宅難からの解放を謳った。地域との関係では、家庭外の余暇集団に積極的に参加することが老人の孤立感、無為感を解消させる1つの方法、とした。

　「コミュニティ―生活の場における人間性の回復」（国民生活審議会調査部会コミュニティ問題小委員会委員答申、1969）は、個人の孤立感、地域共同体の崩壊に着目し、その要因として、都市化、生活様式と家族制度の変化などをあげた。コミュニティ形成の方策として、コミュニティと行政的対応（行政機能の拡大ほか）、コミュニティ・リーダー、コミュニティ施設などを取り上げ、孤独な老人や青少年に対する地域としての働きかけに言及した。

　本章では言及できないが、国民生活審議会の答申は旧自治省によるコミュニティ政策の原点となった[3]。

3　自治省は1971年に「コミュニティ（近隣社会）に関する対策要綱（案）」を出し、モデル・コミュニティ事業が、1973年度から3年間で全国83か所で実施され、以降1980年代には「コミュニティ活動活性化地区」の設定などが行われた。こうした政策に対しては「上からのコミュニティ

中央社会福祉審議会の答申「老人問題に関する総合的諸施策について」（中央社会福祉審議会、1970：258-9）は独居老人、相談機能の強化などを緊急度の高いものとして取り上げた。地域社会の崩壊のなかで死亡後何日も発見されない独居老人に言及した。社会的に孤立した老人の増加を指摘し、過疎地域・過密地域での友愛訪問、ひと声運動等のボランティア活動、民生委員活動、専門職員の配置などの提起を行った。

　1973年の厚生省課長通知「老人福祉施策の充実強化について」に収録された「老齢者対策に関する行政監察結果に基づく勧告（抄）」（厚生省、1973）では、入浴サービス、福祉相談、電話インターホン、善隣活動、友愛訪問、ひと声運動、などの施策を指導育成すること、老人家庭奉仕員の活動と組み合わせ、孤独な老人を1人で置く時間を短くすることを求めた。

3. 1970年代後半〜1990年代の社会的孤立問題への着目と政策提言

　ここでは、この時期の高齢者施策の特徴と高齢者の社会的孤立に関連する動きを概観する。

(1) 1970年代後半〜1980年代末の政策と制度

　1973年に政府は「福祉元年」を宣言するが、同年のオイルショックにより高度経済成長は終了し、1970年代後半では「福祉見直し」政策がすすめられる。国民の自立自助と相互扶助を強調する「日本型福祉社会」、「高齢化社会の危機」を強調する議論などがそれである。
　1980年代は、①社会保障制度、社会福祉制度における公的責任の限定、②

政策」との批判がある一方で、政策によるコミュニティの制度化の試みとして評価する立場もある、とされる。（山崎仁朗編、2014、『日本コミュニティ政策の検証』東信堂、山崎丈夫、2009、『地域コミュニティ論3訂版』自治体研究社、三浦哲司、2007、「日本のコミュニティ政策の萌芽」『同志社政策科学研究』9 (2) など参照のこと）

国民の自己責任と負担の強化、③家族・地域・ボランティア重視、④在宅福祉領域への営利企業（シルバービジネス）の参入など、かつてない大規模な政策転換が行われ、国民生活にとって激動の時代が始まった。

高齢者施策では、1983年施行の老人保健法により、老人医療の外来窓口負担の復活、入院医療の診療報酬の定額制と逓減制が導入され、高齢者の退院促進、入院制限が始まった。在宅高齢者施策では、ホームヘルパー派遣事業の所得制限の廃止と有料化、ヘルパーのパート化が進められた。

1980年代後半は在宅サービス分野への営利企業参入の解禁とシルバー産業の振興が推進され、高額の有料老人ホームが建設された。

1989年には、1988年の消費税法制定の対策としてゴールドプラン＝「高齢者保健福祉推進加十か年戦略」（厚生省1989年）が策定され、福祉八法改定につながった。

(2) 1970年代後半以降の基本的な政策文書

政策文書における社会認識は、1960年代以降の「都市化による高齢者の孤立」という視点が一挙に減り、「高齢化社会」(1990年代後半からは「少子高齢社会」)が重視された。独居問題は介護の視点から言及されることが多い。

社会保障制度審議会「今後の老齢化社会に対応すべき社会保障のあり方について（建議）」（社会保障制度審議会、1975）は、「老齢化社会への移行」のもとでの生産年齢人口に対する従属人口の増加を「扶養」の観点から取りあげた。そして減速成長下での社会保障の充実を説きながら、「高福祉」のためには「高負担」を求め、年金支給開始年齢の繰り下げを提起し、健康の自己責任などを求めた。孤立問題については、生きがい対策と疎外感・孤独感の排除の必要性を述べるにとどまり、独居問題については言及していない。「高齢化社会危機論」[4]が、社会保障制度審議会の建議としても現れた。

---

4 人口高齢化による社会負担の増大が社会保障財政を破綻させる、という政府の宣伝。単純な生産年齢人口と高齢者人口の比率の変化をもとに生産年齢人口の扶養負担を極端に強調して社会の危機を強調する。そして社会保障の抑制、生活の自己負担・家族負担と、地域・社会における人々相互の支え合いを導き、さらに世代間の対立と高齢者への差別を助長するものである。

1980年前後の主要な高齢者関連文書、「在宅福祉サービスに関する提言」（全国社会福祉協議会、1977）、中央社会福祉審議会「当面の在宅老人福祉対策のあり方について（意見具申）」（中央社会福祉審議会、1981）、社会保障制度審議会「老人福祉の在り方について（建議）」（社会保障制度審議会、1985）では、それぞれ独居問題に言及するものの、いずれも孤立問題については触れていない。以降の各種答申では、介護・ケアの重点化、自助と連帯、費用負担が強調された。

　なお、1981年に第二次臨時行政調査会が発足し、以降臨調「行革」路線が進められた。

　「高齢者対策企画推進本部報告」（厚生省、1986）は、同年の閣議決定「長寿社会対策大綱」の政策化として厚生省が方向性を示したものである。報告では「21世紀になると生産年齢人口に対する65歳以上人口の比率は、急激に上昇する」という人口論にもとづく「高齢化社会危機論」が冒頭に書かれている。

　そして高齢者対策の基本原則について自助努力、民間活力の導入などを強調した。孤独の解消については、就労など社会参加の機会の確保を示した。独居老人については地域のボランティア活動を推奨し、福祉電話の貸与のほか、緊急通報システムとともにボランティアによる安否の確認や交友活動を推奨した。

　「長寿社会の構図 人生80年時代の経済社会システム構築の方向」（国民生活審議会総合政策部会政策委員会、1986：53、61、69）では、「高度経済成長の過程において、産業構造の変化、都市化の進展の中で、旧来の地域における人間関係は希薄化する一方、核家族化、一人暮らし老人の増加、女性の職場進出等により家庭機能も変化し、ともすれば人々が孤立しがちな社会構造となっている」と「孤立」に着目した。しかし、示す方向は家庭内での自分の役割の自覚を求めるものであり、「自立と連帯」、「受益と負担の公平」などを強調するものであった。

　以上、この時期の政策文書では「高齢化社会」を、年金等の公的負担が増加する「危機」として描き、国民に「負担」を求める一方、「活力ある長寿社会」「社会参加」「まちづくり」などが提唱されていたことに注目したい。

(3) 1990年代の高齢者福祉政策の概要と社会的孤立問題への着目

　1990年代は、バブル崩壊、就職難・リストラによる失業の増加・長期化、非正規雇用の増大、ホームレスの増加などの労働・生活問題、国際金融危機などの経済問題があり、一方では介護保険法の制定、社会福祉基礎構造改革の提起、構造改革の提起があるなど、激動の時代であった。

　独居問題、高齢者の孤立問題への着目はいっそう薄らぎ、高齢者政策は医療費抑制と、その受け皿として在宅での高齢者介護政策を重視した在宅サービスへシフトした。高齢者の在宅生活支援を検討するなかで、独居問題や孤立問題は取り上げられていない。社会保障全体については理念の見直しが提起され、構造改革へとつながって行く。

　『ホームヘルプ事業運営の手引』(厚生省、1992)は「一人暮らしであることをもって直ちに要援護老人ととらえる必要はない」[5]とまでいっている。

　「21世紀福祉ビジョン—少子・高齢社会に向けて—」(厚生省、1994)は、消費税の3％から5％への引き上げ(1997年から)が閣議決定された年に、厚生大臣の私的懇談会により出されたものである。ゴールドプランの拡充とエンゼルプランの策定、社会保障に係る給付と負担の構造の見直しなどが提言された。そのなかで、独居高齢者の対応にはケアハウスやシルバーハウジングを提唱するとともに、孤立感について企業に「現役時代と高齢期とを通じ、地域社会との関係を回復するようなゆとりの時間や機会の増大」を求めた。

　介護保険構想を打ち出した厚生省の研究会報告「新たな高齢者介護システムの構築を目指して」(厚生省、1994)は「老後生活の不安要因」の項で高齢者の「孤立感、自尊心や生きがいの喪失」にも触れているが、検討の方向は「高齢者の自立支援」「選ぶ(契約型)福祉」「社会連帯による支え合い」であり、新たな保険財源づくりであった。

　「地域福祉の展開に向けて〔小委員会報告〕」(中央社会福祉審議会地域福祉専門分科会小委員会、1995)は、「ふれあいのまちづくり事業」の見守りと援助

5　これは厚生省内の地方老人保健福祉計画研究班「老人保健福祉計画策定指針の骨子」を紹介する形で述べたもの。

の体制の拡大が、孤立しがちな高齢者、障害者世帯、単親世帯などの孤独感の解消を図り、安心感の形成を醸成していると評価し、小地域ネットワーク活動を推奨した。

1995年に制定された高齢社会対策基本法では、孤立問題への言及はなく、独居高齢者が安心して生活できる環境に触れているだけである。

しかし、1995年の「阪神淡路大震災」では仮設住宅などで孤独死事件が起きた。社会福祉協議会のボランティア活動、国の防災政策などの分野で、孤立死問題が取り上げられた。

(4) 介護保険法成立以降の独居高齢者・孤立への着目

その後孤立問題への着目は、1990年代末介護保険制度検討のなかで若干見られる。

1999年のいわゆる「指定基準」（厚生省、1999）では、通所介護事業は利用者の社会的孤立感の解消、心身機能の維持、利用者家族の負担の軽減を図るものでなければならない、としている。

介護認定非該当の高齢者については、介護保険法案等に対する附帯決議（参議院厚生委員会、1997）を受け、老人保健福祉計画を見直す際に「介護保険給付の対象とならない、独居老人をも含めた配食サービスの仕組みづくりなど、様々な健康、生きがいづくり施策の実施を積極的に盛り込む」とされた（厚生省、1998）。介護予防・生活支援事業についても、前出の指定基準と類似の規定がなされている。

1900年代末は、ホームレス問題、阪神淡路大震災後の仮設住宅・復興住宅での孤独死問題など、人々のつながりに社会と政治が注目せざるを得ない状況が生まれる時期であったが、孤立問題は高齢者介護施策の一部で取り上げられたに過ぎなかった。

4. 2000年介護保険制度以降の孤立高齢者問題への対応

　2000年代に入り、孤立問題の捉え方として「社会的排除」という考え方が現れた。背景にあるのは、伝統的な自助・互助思想、ボランティア重視政策とともに、前出の孤独死事件やホームレス問題に対し、「社会的包摂」「社会統合」という政策で対応する方向といえる。

　2000年の介護保険の導入は、社会保障の市場化を導いた。地域は営利企業の活躍の場となり、公共的福祉は商品に置き換えられ、地域関係はますます希薄化する。

　介護保険制度に孤立問題についての対応はなく、老人福祉法は形骸化されていた。しかし、2006年に導入された介護保険財源による「地域支援事業」（地域包括支援センターへの委託する市町村事業）には、「地域におけるネットワークの構築」「支援を必要とする高齢者を見い出す」「地域から孤立している要介護（支援）者のいる世帯や介護を含めた重層的な課題を抱えている世帯など、支援が必要な世帯を把握」など、孤立問題も着目した体制づくりが導入された（厚生労働省、2006）。

　一方、介護保険制度は導入後、保険給付においてはさまざまな形でサービス利用が制限されている。

(1) 社会的包摂とコミュニティへの着目

　ホームレス・孤独死などの社会問題について、厚生省社会・援護局長の諮問機関の報告書「社会的な援護を要する人々に対する社会福祉のあり方に関する検討会報告書」（厚生省、2000）が、社会的孤立を「社会的援護を要する人々」の問題として取り上げた。従来の対象の「貧困」とは異なる重複、複合化した問題として、「心身の障害、不安」（社会的ストレス問題、アルコール依存、等）、「社会的排除や摩擦」（路上死、中国残留孤児、外国人の排除や摩擦、等）、「社会的孤立や孤独」（孤独死、自殺、家庭内の虐待・暴力、等）を指摘し、

「新たなつながり」の再構築を図る「社会的包摂」の模索を提起した。

総務省に設けられた研究会は「コミュニティ研究会中間のとりまとめ」（総務省、2007）を出した。この研究会は、少子・高齢化、過疎化のもとでの「地域の共生の力の脆弱化」「セーフティ・ネットの強化の必要性」「地域福祉の基盤としての地域コミュニティの役割」などを検討した。報告では、高齢者について孤独死問題や過疎問題を取り上げ、対応としては、独居老人への戸別訪問、ICTを活用した安否確認、「コンパクトシティ」など高齢者の"集住"を提唱した。

2007年に厚生労働省社会・援護局によって設置された「厚生労働省これからの地域福祉のあり方に関する研究会」の報告書（厚生労働省、2008）のテーマは「地域住民のつながりを再構築」、「住民相互の支え合い」である。

報告書は、制度の谷間への対応、「孤独」への対応などについて「新たな支え合い（共助）」を提起した。そして孤立死問題（単身男性）、虐待、認知症、徘徊、震災犠牲者、子育て家庭などを取り上げた。要援護者は、自力で問題解決に向かわない高齢者、問題解決能力が不十分な高齢者、公的な福祉サービスへの理解や家族や友人など身近な人々の手助けが期待できない人々、などと捉えられた。

2008年の「高齢者等が一人でも安心して暮らせるコミュニティづくり推進会議（「孤立死ゼロ」を目指して）」報告書は、本書第1部第6章で言及している。

(2) 政権交代下での「社会的包摂」の動向

死亡・所在不明の高齢者が各地で続々と確認されたことを受けて、「高齢者所在不明・孤立化防止対策チーム」が設置された。「報告書」は見当たらないが、2回の対策チーム資料（厚生労働省、2010）によれば、親族などによる公的年金等の不正受給の防止のための対応や高齢者の社会的孤立に対する支援が議題になっていた。

2011年、特命チームが設置された。「孤立化」「無縁社会」「孤族」などといわれ、地域や職場、家庭での「つながり」が薄れて社会的に孤立し、生活

困難に陥る問題が新たな社会的リスクとなっており、「社会的包摂」を推進するための戦略が必要、との認識にもとづいて設置されたものである。

同年8月に出された「緊急提言」(「一人ひとりを包摂する社会」特命チーム、2011)では、①社会的排除のリスクについての実態調査、②先導的なプロジェクトの実施、③誰も排除しない社会の構築をめざした全国的な推進体制の構築、が柱となっている。

政権は2012年に交代したが、総務省行政評価局により、2013年4月に「高齢者の社会的孤立の防止対策等に関する行政評価・監視結果報告書」が出されている(総務省、2012)。ここでは、2005年の「安心生活創造事業」から2012年の高齢者の社会的孤立を防止する対策の概要までが紹介されている(本書第1部第6章参照のこと)。

(3) 近年の動向

2017年5月「地域包括ケアシステムの強化のための介護保険法等の一部を改正する法律」が成立した。これにより「共生型サービス」が新設され、地域住民には、地域社会からの孤立を含む多様な地域生活課題を把握し、その解決を図ることが義務づけられた。住民は「我が事・丸ごと」として取り組むことを求められるに至った。これは、地域福祉領域を新自由主義的に市場化する一方で、利潤に結びつきにくい地域福祉領域は住民の支え合いによって解決させるという、「住み分け」による「新しい公共」政策とみることができる。加えて「地域」の相互コントロールにより社会統合を進めるという政策とみることができる。

すでに2015年以降、要支援認定者の「介護予防・日常生活支援総合事業」への全面移行と、総合事業利用者の同事業からの「卒業」が推進される事態も起こっている。政策が作り出す高齢者の孤立が危惧される。

おわりに

　こうしたなかで市民活動は、多様な活動がそれぞれの理念を大切にして発展するのか、公的責任の切り下げと安上がりな受け皿としてのシステムに取り込まれるのか、が分岐点となる。公的サービスを担う福祉・医療労働者、自治体労働者には、高齢者の生活問題をふまえ孤立を防止する共同と連帯の実践が求められる。同時に市民の手をつなぐ運動が大切である。

（小川栄二）

文献
- 厚生省、1973、「老人福祉施策の充実強化について」厚生省監修、1991、『平成3年度版 老人福祉関係法令通知集』財団法人長寿社会開発センター：107-112
- 厚生省、1986、「高齢者対策企画推進本部報告」1986、全国老人福祉問題研究会編『老後保障最新情報資料集5』：22-41
- 厚生省、1989、「高齢者保健福祉推進十か年戦略」1989年12月、全国社会福祉協議会編、1986、『社会福祉関係施策資料集9』：264-5
- 厚生省、「ホームヘルプ事業運営の手引き」「全国老人保健福祉関係主管課長会議資料」1992年3月
- 厚生省、1994、「21世紀福祉ビジョン―少子・高齢社会に向けて―」全国老人福祉問題研究会編、1995、『老後保障最新情報資料集11』：21-34
- 厚生省、1995、『新たな高齢者介護システムの構築を目指して～高齢者介護・自立支援システム研究会報告書～』ぎょうせい：8-9、20-1
- 厚生省、1998、「全国介護保険担当課長会議資料介護保険制度関係資料」（1998年1月13日）『介護保険制度関係資料集（第2集）』東京都社会福祉協議会、1998
- 厚生省、1999、「指定居宅サービス等の事業の人員，設備及び運営に関する基準」（1999年11月31日厚生省令第37号）、老人福祉関係法令研究会『老人福祉関係法令通知集〈平成14年版〉』第一法規、2002：320
- 厚生省、2000、「社会的な援護を要する人々に対する社会福祉のあり方に関する検討会報告書」（2017年10月1日取得、http://www.mhlw.go.jp/www1/shingi/s0012/s1208-2_16.html）
- 厚生労働省、2006、厚生労働省老健局長通知「地域支援事業の実施について」（平成18年6月9日老発第0609001号）
- 厚生労働省、2008、「厚生労働省これからの地域福祉のあり方に関する研究会」報告書、

- (2017年10月1日取得、http://www.mhlw.go.jp/shingi/2008/03/s0331-7.html)
- 厚生労働省、2010、「第2回『高齢者所在不明・孤立化防止対策チーム』の開催について」(2017年10月1日取得、http://www.mhlw.go.jp/stf/houdou/2r9852000000kgp7.html)
- 国民生活審議会総合政策部会政策委員会、1986、「長寿社会の構図」全国社会福祉協議会編、1988、『社会福祉関係施策資料集6』
- 国民生活審議会調査部会コミュニティ問題小委員会、1969、「コミュニティ—生活の場における人間性の回復」全国社会福祉協議会編、1986、『社会福祉関係施策資料集1』：153-187
- 国民生活審議会調査部会老人問題小委員会1968「深刻化するこれからの老人問題」『自治研究』、第45巻第2号：179-192
- 参議院厚生委員会、1997、「参議院厚生委員会・介護保険法案等に対する附帯決議」(平成9年12月2日) 全国老人福祉問題研究会編『老後保障最新情報資料集14』1998：147
- 社会保障制度審議会、1975、「今後の老齢化社会に対応すべき社会保障のあり方について(建議)」全国社会福祉協議会編、1986、『社会福祉関係施策資料集2』：29-34
- 社会保障制度審議会、1985、「老人福祉の在り方について(建議)」全国社会福祉協議会編、1986、『社会福祉関係施策資料集3』：2-11
- 社会保障制度審議会社会保障将来像委員会、1994、「社会保障将来像委員会第二次報告」1994、全国老人福祉問題研究会編、1995、『老後保障最新情報資料集12』：12-29
- 全国社会福祉協議会、1977、「在宅福祉サービスに関する提言」全国社会福祉協議会編、1986、『社会福祉関係施策資料集2』：72-74
- 総務省、2007、「コミュニティ研究会中間のとりまとめ」(2017年10月1日取得、http://www.soumu.go.jp/main_sosiki/kenkyu/new_community/pdf/080724_1_si3.pdf)
- 総務省、2012、「高齢者の社会的孤立の防止対策等に関する行政評価・監視結果報告書」(http://www.soumu.go.jp/main_content/000217422.pdf)
- 中央社会福祉審議会、1964、「老人福祉施策の推進に関する意見(中間報告)」1991『平成3年度版老人福祉関係法令通知集』長寿社会開発センター：1254-7
- 中央社会福祉審議会、1970、「老人問題に関する総合的諸施策について」、全国社会福祉協議会編、1986、『社会福祉関係施策資料集1』：252-60
- 中央社会福祉審議会、1981、「当面の在宅老人福祉対策のあり方について(意見具申)」、全国社会福祉協議会編、1986、『社会福祉関係施策資料集2』：166-175
- 中央社会福祉審議会地域福祉専門分科会小委員会、1995、1995中央社会福祉審議会地域福祉専門分科会小委員会・「地域福祉の展開に向けて〔小委員会報告〕、全国社会福祉協議会編、1996、『社会福祉関係施策資料集14』：264-70
- 「一人ひとりを包摂する社会」特命チーム、2011、「社会的包摂政策に関する緊急政策提言」(http://www.kantei.go.jp/jp/singi/housetusyakai/kettei/20110810teigen.pdf)

第3章

高齢者の援助拒否・孤立・潜在化問題研究会の問題提起

――日本における高齢者の孤立問題と研究動向③

はじめに

　高齢者の援助拒否・孤立・潜在化問題研究会（以下、研究会と略す）の活動は、前身である2002年に開始した「京都市上京区における見守りと支援を必要とする高齢者と民生児童委員の活動に関する調査」（立命館大学学術フロンティア福祉情報プロジェクトサブプロジェクト・孤立高齢者調査チーム、2004.3報告）から始まった。その後、2004年に「高齢者の援助拒否・孤立・潜在化問題研究会」が発足し、研究会の活動は15年が経つ。

　研究会は、高齢者の生活問題の研究者のもと、援助拒否高齢者の社会的孤立に関心のある大学院生や、相談援助職についている社会人大学院生などが中心となっている。いずれの会員も、ゴミ屋敷状態や救急入院が必要な状態で突然「発見された」（援助者側にとってという意味であるが）高齢者の事例をいくつも経験していた。長い経過のなかで継続した支援を要したであろう要援護高齢者が、なぜ突然緊急を要する状態で発見されるのか、なぜ支援が届かなかったのか、届くためには何が必要だったのか、などの疑問を大きくしたことが研究会発足の動機である。

　研究会発足後、孤立している高齢者を調査の直接の対象とすることが困難なことから、民生委員、介護支援専門員、地域包括支援センターの担当者を対象とした調査を実施してきた（本章末の「高齢者の援助拒否・孤立・潜在化

研究会」関連書調査一覧参照）。この章ではこれまでの研究会の活動から明らかになった高齢者の実態と今後の課題について述べる。

なおこの章は、2009年2月の地域包括調査第2次集計および研究報告書、および2011年2月「要援護高齢者の援助拒否・社会的孤立・潜在化問題に関する調査報告書」（第一次）に掲載されたものをまとめ、一部書き加えたものである。

1. 明らかになった高齢者の生活の悪化とその普遍性
―― 民生委員調査、介護支援専門員調査、地域包括支援センター調査を通じた「高齢者の援助拒否・孤立・潜在化」調査から

ここでは、この間の調査と研究のなかで把握された「生活後退」「社会的孤立」「潜在化」の事実の確認と、そこで浮上した諸概念の整理を行う。

高齢者の一部に現れる生活の悪化が近年注目されるようになったが、3回の調査の結果、それは全国各地で現れている普遍的事実であることが確認された。

研究会では高齢者の生活の悪化を「生活後退」と定義（「生活後退」とは、在宅高齢者の衣・食・住を中心とした基本的な生活の局面で表れる生活内容の貧困化・悪化及び自律的回復が困難な状況）してきた。近年は類似の事態が「セルフ・ネグレクト」と呼ばれることがある。

研究会は「生活問題」という用語を「近代社会において、個人と家族の人間らしい生活とその再生産（日々の生命、家族の生活、次の世代）の営みにおいて困難が生まれ、個人や家族の力だけでは解決できず、社会的な対応が必要な状態」という意味で使用する。

2003年民生委員調査、2005年介護支援専門員調査、2009年地域包括支援センター調査で、そうした高齢者に出会った経験の有無を尋ねたところ、表1～3のようになった。民生委員調査・介護支援専門員調査で尋ねた「困ったこと」とは生活の悪化の意味である。

また、具体的な生活後退の内容別に件数を尋ねた介護支援専門員調査での

表1 介護保険制度実施以降、地域で生活上の支援をする必要がある高齢者のいる世帯の支援で「困ったこと」があるか

項目	度数	%	有効%
地域で生活上の支援をする必要がある高齢者のいる世帯の支援で困ったことがある	65	42.2	43.0
地域で生活上の支援をする必要がある高齢者のいる世帯の支援で困ったことがない	86	55.8	57.0
合計	151	98.0	100.0

無回答：6（1.9%）　　（出所）2003年・京都市上京区民生委員調査（p.10）表8-1より

表2 新規高齢者の介護・生活問題が深刻な状態で、対応に困った経験

項目	度数	%	有効%
対応に困った経験がある	305	72.6	72.6
対応に困った経験はない	115	27.4	27.4
合計	420	100.0	100.0

無効回答：6　　（出所）2005年・介護支援専門員調査（第1次）（p.12）表13-1より

表3 初回相談の時点で既に対象者の生活状況や健康状態が極端に悪化し、緊急性の高い事例はあったか

項目	度数	%	有効%
①緊急性の高い事例の経験がある	105	62.9	64.8
②緊急性はないが出来る限り早い時期に何らかの手だてが必要な事例の経験がある	49	29.3	30.2
③緊急性はなく当面具体的な手だては必要ないが、継続的な見守りが必要な事例の経験がある	5	3.0	3.1
④特に表題となる事例はなかった	3	1.8	1.9
合計	162	97.0	100.0

無効回答：5　　（出所）2009年・地域包括支援センター調査（p.16）表18より

表4 高齢者の初回面接の際、既に対象者の介護・生活問題が深刻な状態にあり、対応に困った経験の内容

項目	度数	総回答数に対する%	回答者に対する%
①食事・清潔・室内の整頓など日常生活の内容が極端に悪化していた例	196	21.0	64.3
②健康状態が悪化していた例	145	15.5	47.5
③近隣関係が悪化していた例	78	8.4	25.6
④認知症などによる問題行動がありどのように援助してよいのか困った例	171	18.3	56.1
⑤経済的困窮などにより援助が困難であった例	153	16.4	50.2
⑥虐待（介護放棄なども含む）等のためにどのように対応してよいのか困った例	97	10.4	31.8
⑦その他の生活上の問題があった例	94	10.1	30.8
合計	934	100.1	306.3

有効回答数：305、無効回答数：121　　（出所）2005年・介護支援専門員調査（第1次）（p.14）より

回答は表4のとおりであった。

これらのとおり、高齢者ケアに携わり、初回相談が持ち込まれる可能性のある多くの人々・機関で生活後退の経験を確認できた。

2. 高齢者の生活の悪化（生活後退）事例から見えること

3つの調査で高齢者の生活後退の具体的状態が確認された。各調査では自由記載で生活後退の具体的内容を尋ねたが、それぞれ記載された状態は酷似していた。

ここでは、その内容を確認する意味で地域包括支援センター調査の第一次報告書（2009年11月）から一部を紹介する。

(1) 食事、室内の整頓、衛生状態など日常生活に関する内容が極端に悪化していた例

独居世帯で本人が援助を拒否する人の生活状態の悪化は、民生委員からの通報などで発見するだけでなく、同居家族がいたり親族の食事の差し入れなどの出入りがあったりしているにもかかわらず、状態が悪化してから地域包括支援センターに連絡が入る場合も少なくない。

2009.02・2011.02 地域包括調査第2次集計および研究報告書

○近隣の親族が市役所の他部署を経由し相談。だんだん動けなくなったが家族に対して介護拒否があったため、敷布団の上にブルーシートをかぶせ、尿、便汚染の中でほぼ寝たきり状態であった。下肢に壊疽もあり、緊急往診依頼して入院に至った。

○本人（80代後半）息子（次男、警察官）2人暮らし、数日前に転倒後、歩けなくなって寝たきり、と相談入る。訪問すると、足の踏み場になく、物に埋もれて動けな本人発見、早急に対応した。自宅（三階建て）内はすべて数十年前からの物であふれるゴミ屋敷だった。

○電気、ガス、水道は止められ、ゴミ屋敷状態のなかで暮す高齢者、別居する息子が弁当を運ぶ。本人はサービスを拒否、キーパーソンとなる息子は包括支援センターとの関りを避ける。
○ADLの低下により外出が一切できないにもかかわらず、食事は近所に住む遠縁や知人がたまに運ぶものだけで1日1食以下、極端な栄養不足。
○高齢者夫婦2人暮らしで近隣とあまりつき合いがない。玄関、庭にゴミが山積みとなっており、異臭、……（中略）……最近はあまり姿を見ないということで民生委員が救急隊に連絡、警察が入り玄関で声をかけるも反応なし。……（中略）……妻はやせて起き上がれる状態ではないが、本人も病院に行くのを拒否……（中略）……市といっしょに包括と訪問。夫は介入の拒否が強かったが、根気強く毎日訪問……（中略）……人が通るのがやっと。布団を敷いてある所以外は空間がない。妻は褥瘡ができており、布団・衣類は汚れ、長い間保清はできていない。訪問の度に清拭処置を行い、排泄介助の方法を指導するなど関係作りからはじめ、妻の入院・治療までできるようになった。

(2) 健康状態が悪化していた例

　日常生活の状態が後退しているだけでなく、医療機関に未受診であったり、通報により対象者宅に訪問したところ、緊急受診や救急搬送が必要であるとして医療機関につないだ事例が多く見られた。
　独居世帯だけでないのはこれらも同様で、介護者や親族がいるにもかかわらず健康状態が悪化してから発見される例など、介護者も含めた世帯そのものが地域や医療から社会的に孤立している状況が見られる。

○高齢夫婦世帯。夫ががんのターミナルで、食事が取れず、失禁状態だったが、受診を拒否。民生委員から相談があり、訪問、受診を促す。
○アルコール依存症の男性（独居）、通りかかる人に窓から金銭を渡し、

弁当を買ってもらっていたが、最近その姿を見かけないので見に来てほしいという民生委員からの連絡あり。訪問し、衰弱が激しいため、救急搬送。
○親戚が介護保険を申請し、調査員が緊急性を感じ、担当課へ報告。担当から包括へ訪問依頼があり、訪問する。本人は重度の認知症で、老健へ相談後、緊急入所となる（介護者は受診中亡くなる）。
○介護者が寝込んで、食事も取っておらず、羸痩（るいそう）（著しくやせ衰えた）状態で、即子どもや親戚に連絡を取り、受診してもらったケース。
○訪問時、脱水状態でまったく動けず、布団に寝たきりになっていた。救急搬送し、入院となる。
○別居家族より相談があり。訪問した時点では即入院に至った。家族構成は本人、息子、孫（男性）。息子・孫とも仕事の都合で不在がちであり本人も持病がある。管理ができていないため重症化を招いた。
○部屋の異様な臭い。害虫発生や散乱があり、汚れた布団に下半身裸で横たわっていた。尻に乾燥した便付着、身体を自力で動かせない状況で発見。声かけに意識不明な応答あり、即救急搬送。

(3) 認知症などにより対応に困っていた例

○認知症の1人暮らしで、自宅で倒れているのを発見された。
○毎夜外出していたが、突然家に戻れなくなり、警察に保護された事例。警察より、保護して家まで送ったので様子を見てほしいと連絡があり訪問する。室内は物であふれ異臭がある。壁に張ってある年賀状から遠方に親族がいることがわかり許可を得て書き写し、連絡をする。後日早朝再度連絡があり、保護したからと引き取りを依頼される。自宅での生活が困難と思われるため、家族に連絡の上で引き取りに行き、了承を得て有料老人ホームのショートステイを手配し送り届けた。
○独居の高齢者が錯乱し、自宅で暴れていると通報あり。警察がガラス

を割って自宅に入ったが、幻覚・幻聴がひどいので市で保護してほしいと。

(4) 虐待（介護放棄なども含む）などの事例

　高齢者虐待への対応は、事例から地域包括支援センターの具体的な対応が進んでいることが認められた。深刻な事例の内容に対して、緊急入院や施設入所などによる対象者の保護や世帯の分離を行ったり、その後家庭復帰に成功したりした事例なども見られた。

○虐待事例。夜、警察から通報を受け、現場を訪問。その場で救急車を呼び、一旦入院。施設へ世帯を分離。
○60歳代女性。長男との2人暮らしをしていて、長男の暴力による虐待で緊急入院。
○同居の息子がいるにもかかわらず、経済的理由から、腰痛が強く動けなくなっている母親を病院へ連れて行かず放置。
○家人による自宅内監禁。
○本人に多額の借金があり、その返済のために息子が年金を管理、高齢者夫婦が食事もままならない状況であった。
○再々入院を必要とするような激しい暴力があり、加害者は高齢者の家族全員という身体的虐待と、経済的虐待の事例であった。施設の保護を緊急に手配し、数か月の入所後家族関係を調整し、家庭への復帰を果たした。その後も見守りを続けている。

(5) その他の生活問題（対応する施策がないなど）などの事例

　地域包括支援センターが介護保険のサービス利用者以外も含めた地域の高齢者の生活問題に対応している事例などがある。

○数十年間手入れをしていないゴミ屋敷の自宅で生活するセルフネグレクトの高齢者夫婦。近隣者から疎んじられていたが、包括職員が数回訪問した際、意識低下で夫を病院へ搬送。1年後、ADLが低下した妻も自活できず、介護保険料未納のため、社会的入院となる。

○病院の医療ソーシャルワーカーからの相談ケース。対象者は80歳代の男性。がん末期時様態であるが、現在治療の必要性がない。退院する際、対象者は一人暮らしで多額の借金や家賃、公共料金の未納があり、生活保護へのつなぎも難しい状況。関係者で実態把握のため訪問する。

○長期入院の末にがん末期で行える治療はもはやなく、余命3か月との宣告を受け退院。介護保険サービスの利用をかたくなに拒む。退院後、近所の医師に点滴治療が必要といわれたが、介助者がおらず、包括にてしばらく対応する。知り合いの女性が本人の通帳等を管理（？）していたため、手元に現金がなく、日常生活を送る上でも支障があったケース。

○ALS難病者の在宅支援（いろいろな関係機関が関わっているが、主介護者の夫が理解に乏しく、支援困難なケース）の相談、など。

このように、生活後退の具体像も明らかとなった。

これらの事態から次のことがいえる。

①これらの状態は「自己決定」「自己選択」に任せるべきものでないのは明らかであり、逆に放置は社会的放任＝虐待といってよい人権問題である。

②この状態は「セルフ・ネグレクト」といわれる状態に極めて近いが、「自己放任」という本人の「態度」だけが問題ではない。背景として、本人の心身の状態、家族・介護者の状態、生活費や生活手段の状態、近隣・社会関係の状態、その他援助にアクセスする障害の諸状態など、多様な要因が関わっていることが事例から推測できる。

3. 高齢者世帯の社会的孤立と生活後退との関係
――調査からいえる高齢者世帯の社会的孤立傾向

ここでは、生活後退が現れた世帯における「社会的孤立」を見てみたい。

(1) 2005年介護支援専門員調査で明らかになった生活後退と社会的孤立――「援助拒否」との関係で

2005年介護支援専門員調査では、「高齢者の初回面接の際、既に高齢者の介護・生活問題が深刻な状態であるにもかかわらず、高齢者本人または家族の意向に関して（たとえば、拒否的・消極的などの状況にあり）対応に困った事例の内容」を尋ねた（表4）。「初回面接の際」としたのは、介護支援専門員は居宅介護支援のための訪問とは別に要介護認定調査も委託されることから、「最初に出会った」ときという意味をもたせたのである。

「明らかに介護または生活援助が必要にもかかわらず本人が援助を拒否した例」で困った介護支援専門員が71.2％いる。ということは「援助拒否」は広く存在することを示すものである。援助「拒否」の状態にある高齢者がすべて社会的に孤立した状態であるとはいえないが、その傾向にあることは、経験的には事実である。

また「生活問題が深刻な状態」の高齢者が「民生児童委員や近隣の人々の訪問・援助を拒否」19.2％、「居宅介護支援の契約を取り交わすことが困難」16.6％、「通院・治療に拒否的・消極的」43.7％などを見ると、「拒否」的で孤立的な高齢者像が浮かぶ。

この調査でもう1つ明らかになったのは、「明らかに介護または生活援助が必要にもかかわらず家族が援助を拒否」40.6％、「家族関係が悪化していたため援助を拒否」（家族内の意向の調整が不調）21.8％、さらに「虐待が推測もしくは予測されたが援助を拒否」15.7％、「同居家族の問題のため援助を拒否した例」（同居家族がアルコールや精神科的問題をもつなど家庭内での援助が困難

など）14.8％、と家族の関与が原因で援助が困難とする回答が少なからずあったことである。(4)の「虐待」などの事例はもとより、これらの援助拒否はそのままにしておけば、放置・虐待につながり得るものである。

この調査の第2次聞き取り調査で、親族の虐待とサービス導入拒否の事例に、居宅介護支援事業所の介護支援専門員がねばり強く関わり、「介入」に成功した事例を聴取した。また、脳血管障害のため要介護状態でひきこもりの息子がサービスを嫌う事例、民生委員・主治医・介護支援専門員が生活後退が著しく受け入れの悪い夫婦世帯に援助を展開した事例などを聴取した。

こうしたケースでは、家族自体の社会関係が薄いなどの具体的事実が明らかになった。

表5　生活問題が深刻な状態であるにもかかわらず、サービスに拒否・消極的だった内容

項目	度数	総回答数に対する％	回答者に対する％
①民生児童委員や近隣の人々の訪問・援助を拒否した例	44	7.3	19.2
②居宅介護支援の契約を取り交わすことが困難だった例	38	6.3	16.6
③通院・治療に拒否的・消極的だった例	100	16.6	43.7
④明らかに介護または生活援助が必要にもかかわらず本人が援助を拒否した例	163	27.0	71.2
⑤明らかに介護または生活援助が必要にもかかわらず家族が援助を拒否した例	93	15.4	40.6
⑥家族関係が悪化していたため援助を拒否した例	50	8.3	21.8
⑦虐待が推測もしくは予測されたが援助を拒否した例	36	6.0	15.7
⑧同居家族の問題のため援助を拒否した例	34	5.6	14.8
⑨その他、援助に関して、拒否的・消極的だった例	46	7.6	20.1
合計	604	100.1	263.7

有効回答数：242　無効回答数：184
（出所）「要援護高齢者の援助拒否・社会的孤立・潜在化問題に関する調査報告書（第一次）」立命館大学医療・福祉エンパワーメントプロジェクト・サブプロジェクト・高齢者の援助拒否・孤立・潜在化問題研究会2006年7月より

(2) 2009年地域包括支援センター調査で明らかになった生活後退と社会的孤立傾向

次に、地域包括支援センターに結びついた経路を見ることによって、介護保険の利用＝契約制度が想定している自由な選択権・サービス利用権を行使

する利用者像とは矛盾した、社会関係が薄く孤立的傾向をもつ高齢者像を確認したい。

ここでは2009年地域包括支援センター調査「初回相談の時点ですでに対象者の生活状況が悪化した緊急性の高い事例」について具体的にその内容を回答した自由記載のなかから、地域包括支援センターに結びついた「経路」を抽出してみる。この「経路」を「連絡・通報経路」と呼ぶことにする。

「連絡・通報経路」の記載のあった事例は60例だった。このなかには、「近隣・通報→警察→市」「家主→区役所→包括訪問・応答なし・本人が窓から階下に→階下の隣人→警察」など複数を経由している記載もあるが、その場合は第1順位を「連絡・通報者」とした。その結果が表6である。

表6 連絡・通報経路

連絡・通報者	件数
民生委員	17
近隣・地域	16
親族	6
警察	4
家主	3
本人	3
MSW	2
ヘルパー	2
コールセンター	1
救急隊	1
歯科医	1
独居高齢者訪問	1
認定調査	1
福祉事務所	1
老人福祉員	1
合計	60

民生委員が17例、近隣・地域16例と全体の半数を占め、続いて親族、警察と続いた。

(3)「社会的孤立」について

研究会では、「社会的孤立」という用語を用いてきた。この間の研究で確認できたのは「社会的孤立の傾向」であった。

第1に、生活後退と社会的孤立との関係について考察した結果である。研究会の関係者調査では、生活後退と社会的孤立の傾向との関係について、量的な相関を示すことはできていない。しかし多数の事例から、この2つが密接な関係にあり、しばしば「合併」していることは明らかにできたからである。

第2に、社会的孤立の「度合い」の考察である。どのような高齢者も、何らかの形で生活は社会化している。親密か否かを問わなければ社会と何らかの接点をもっているからである。たとえば通販で生活手段を調達している場合でも、通販との"ネットワーク"と配達人との「接点はある」といえる。その限りでは社会関係が皆無とはいえない。ただし、生活が悪化した高齢者

が周囲からまったく見えない「完全孤立＝姿の潜在化」のような接点をもたない事態はあり得る。

第3に、自発的にサービスを受けない、あるいは援助を「拒否」する高齢者の状態と「社会的孤立」とは同一ではないが、援助はもとより接触も「拒否」する場合や、閉じこもりなどにより接触しにくいためサービス利用に至らない場合は、社会的孤立傾向を示す代表的な状態といえる。

第4に、親密な親族や知人にではなく民生委員、近隣地域に「連絡・通報」があったことは、近隣関係は何らかの形で維持していることの表れであり、親族・知人関係において孤立していても、地域関係においては完全な孤立とは言い切れない。しかし、緊急な対応が必要な状態に至るまで地域のネットワークに見出せなかった点が「孤立傾向」の表れといえる。

(4) 家族まるごとの孤立について

2005年介護支援専門員調査で新たに明確になったのは、「家族によるサービス拒否」「消極的態度」であった。

これは、意図的で悪意のあるもの、悪意はなく介護やサービスについての知識がないもの、自分で家族介護をしたいと考えているもの、そして経済的事情などからであったが、結果的に「虐待」に近似した状態であった。

このような家族が社会的に孤立していた場合、事態が深刻になることは明らかである。

4.「潜在化」の考え方

(1) 生活問題・社会問題の「潜在化」の概念

研究会では当初、生活後退に至った高齢者が閉じこもり、姿が見えなくなる文字通りの「潜在化」を危惧した。

研究会で到達した「潜在化」の概念は、①閉じこもる高齢者やサービス利

用を知らない高齢者などで、生活後退が姿として見えない状態（不可視化、姿の潜在化）、②周囲やサービス事業所など少数の人々が高齢者の状態をある程度気がつきながら、援助・サービス利用に結びつかない状態（小地域内潜在化、事業所内潜在化）、③そもそも「生活後退」の事実が社会に十分には知られていない状態（生活問題・社会問題の潜在化）の3つの場合であった。

①は、遠い親族が訪れて初めて生活が悪化していることに気がついた場合などである。事実、在宅福祉領域では相談・通報を受けて初めて生活が悪化した高齢者に気づく場合がある。②は「拒否」的な高齢者が援助・サービスを受け入れない場合、③は近年マスコミなどが着目し始めている。

「社会問題の潜在化」について、真田是は次の2点を指摘している（研究会として、石倉康次立命館大学教授より講義を受けた）。

第1は、資本主義の初期の段階に見られるもので、社会問題を認知する社会規範の形成過程で一応の完成に至っていない、つまりまだ資本主義にふさわしい自由や平等などの規範が社会的に共有されるところまで至っていないために、社会問題として認知されない段階で起こる社会問題の潜在化がある。

第2は、「社会問題の重層化」という概念で、潜在化には社会問題の受難者自身の人間主体の問題、つまり自分自身が問題の受難者でありながら、こうむっている問題が社会問題として認識されずに耐え忍んでいる状態である。すなわち、社会的文脈が見えなくされている、あるいはそれを見る余裕を失っているような潜在化がある。

以上は、高齢者とその家族が主体者としていかに登場するのかという今後の地域での課題――「地域のネットワーク」「地域の共同」についての大切な示唆となるものである。

(2) 高齢者の援助「拒否」と「潜在化」について

次に高齢者の援助「拒否」と「潜在化」を取り上げる。

高齢者の援助「拒否」は、「潜在化」そのものではなく、潜在化の重要な一因となるものである。ただし、これを本人の私的な「態度」の問題とだけ見ることはできない。

ただ、生活問題は社会問題であると同時に「世帯内的要因」として私生活の回路をもつので、2009年調査の自由回答から援助「拒否」の場面を取り出してみる（表7）。これは回答の一部である。このような記述は2003年調査、2005年調査でも同様であり、事態を放置することは人権問題である。

表7　2009年調査の自由回答のうち援助「拒否」の場面

○1人暮らしの認知症の女性。要介護の認定を受けるもサービスをすべて拒否し、遠くに住む家族や地域の民生委員、センター職員等で見守りしていたが、夏のある日、家族がたまたま訪問した折り、脱水症状を起こして室内で倒れていた。

○ゴミ屋敷に住んでいた人が、判断力低下のため、生活費を失い、インシュリンの注射も適当（多め）に打っていた。金銭管理等の支援も拒否していた。

○アルコール依存症で経口摂取できないほど衰弱していたが、本人は関わりを拒否。身寄りもなく、受け入れてくれる病院もなかった。

○セルフネグレクト、ゴミ屋敷で衰弱。レスキューもすべて本人拒否で救命できず。最終的に行政と包括＋医者で運び出して治療→現在は自宅で介護保険サービス利用。

○ヘルパーより、本人が苦しんでいるが受診を拒否していると連絡があり、訪問して親族を呼んで何とか説得し、車で病院に送った。心不全を発症しており、そのまま入院となった。

○脱水、衰弱で発見し、病院へ緊急搬送。それでも医療等を拒否し、往診等につなげる。

○身寄りのない認知症高齢者、ADL、体力の低下があり、明らかに支援が必要となるが、本人が拒否。

(3) 確認できた「潜在化」した高齢者

研究会がこの研究を始めたのは、介護保険制度の仕組み（契約型、保険給

付申請、1割定率負担、営利企業の参入)、行政の直接サービス(ソーシャルワークやホームヘルプ)からの撤退などにより、制度になじまない高齢者が「潜在化」することを恐れたからである。

　介護保険制度の利用の諸制限、とりわけ2004年前後から強化された「ローカルルール」、2006年制度改定による新予防給付などによりサービスを利用できなくなった高齢者の「予後」はどうであろうか。それは明らかになっていない。また「潜在層」が量としてどのようにあるのかは、把握できない。

　しかし、生活後退に至ったまま潜在化した高齢者は現時点でも、確実に存在し、援助が必要な状態である。

　潜在化の可能性と現実性は、前述した援助「拒否」の自由回答で明らかである。誰も対応しなければ、明らかに潜在化するであろう。

　加えて、表3で紹介したように「連絡・通報」を受けた時点ですでに生活が悪化しており、生活後退のまま潜在化していた期間があるということである。しかもその状態は相当に悪化しており、短期間でないものも多数ある。

　また、注意すべきことの第2に、表6のとおり「連絡・通報」した人は民生委員や近隣地域であって、親族は1割に過ぎなかったことに示されるように、親族関係は孤立的である。同時に、生活後退が長期間におよんでいることは、「連絡・通報」した民生委員や近隣地域ともそれほど親密な関係ではないことが推測される。

(4) 潜在化問題の今日的特徴

　潜在化問題の今日的特徴として注目することは、介護保険制度内に地域の高齢者の実情把握の機能が取り入れられたことである。

　2006年より地域包括支援センターが設置され、地域支援事業が開始された。2009年に行った調査はこの地域包括支援センターに対してのものであった。地域包括支援センターに着目したのは、地域包括支援センターマニュアルにおいて「効率的・効果的に地域包括支援センターの業務を行い、支援を必要とする高齢者を見出し、保健医療福祉サービスを始めとする適切な支援につなぎ、継続的な見守りを行い、更なる問題の発生を防止するため、地域

における様々な関係者のサブネットワークの構築を図ります(「地域包括支援センター業務マニュアル」2007年版、p.23)」とされているからである。

　地域包括支援センターは高齢者人口4000人～6000人に1箇所設置され、行政と同様の「圏域」をもつ。ただし配置されるのは3職種(保健師等、主任介護支援専門員、社会福祉士)で、今回の調査では3人～6人の配置が57.5％と最も多かった。地域包括支援センターは要支援者への予防プラン作成や介護予防事業など多数の業務を行うので、上記の「見出す」活動は「そこまで手がまわらない」との回答もあったところである。

　地域包括支援センターは介護保険事業所であり、市町村以外に市町村長に届け出た法人(法第115条の39第1項)も運営できる。現在約4割が直営、6割が委託となっている。公的事業を委託された地域包括支援センターが、高齢者の生活問題の潜在化にどのような有効性を発揮するのか、高齢者の生活問題への公的責任のあり方も含め、動向を見守りたいと考える。

おわりに代えて——研究の到達点と今後の課題

　この間の研究の到達点と課題を簡単に示したい。

　到達点の第1は、社会的に十分知られていなかった「高齢者の援助拒否・孤立・潜在化および合併して現れる高齢者の生活の悪化＝生活後退」はどこでも起こる事態であること、そしてそのすさまじいリアリティが、調査によって明らかにできたことである。

　第2に、「援助拒否」と「社会的孤立」という事態が合併して現れ、一定の因果関係があることが明らかになった。援助が必要な生活状態にもかかわらず援助を「拒否」する(または消極的な)状態は、明らかに「社会的孤立」の状態であり、結果的に「無援」状態である。ただし、社会的に孤立した人が必ず援助を「拒否」するとは限らない。

　第3に、援助が必要だが社会的に孤立した高齢者は一定の「潜在化」した期間をもつことが、事例調査、自由回答などで明らかになった。たとえば、緊急に対応が必要な人がその時点で深刻な生活後退の事態にあったというこ

とは、「通報」されるまでに一定のタイムラグ＝潜在化期間があるということである。同様に、孤立死した人がしばしば親族や地域のネットワークから疎遠であったという事実もそれを示している。

　第4に、孤立した世帯は必ずしもひとり暮らしとは限らず、「世帯まるごと」孤立している事態もあったことである。これは、「高齢者のみ世帯」「子どもと同居の世帯」でも介護の悪化、放置、虐待などに端的に表れていた。家族によるサービス「拒否」もあった。

　第5に、「潜在化」は必ずしも「姿そのものが見えない」とは限らないことである。それは、近隣や事業所など一部の人々は気づいていたが、「拒否」「接近困難」などで関与しにくかった場合などである。この場合を私たちは「小地域潜在化」「事業所内潜在化」と考え、「社会問題として潜在化」につながるものと考えた。

　一方、未解明の課題、今後進めるべき研究課題がある。

　第1は、高齢者の社会的孤立の要因の明確化である。高齢者も含め人々の「生活の社会化」は進むのに、なぜそのなかで「孤立」が生まれるのか、という問題である。

　第2は、介護保険制度の保険主義、要介護認定の仕組み、私的契約型サービス、サービス利用抑制などから、サービスを利用せずに潜在化する高齢者、いわば政策的に介護保障制度から排除される高齢者の実態把握である。

　第3は、社会的孤立のプロセスの解明である。接触困難な高齢者の現役期も含めた長期間の生活を通じて形成される（収入と定住性が低く、例えば低家賃の公営住宅に移り住んだ単身男性など、生活史もつかみにくい）孤立のプロセスである。

　第4は、私たちの研究途上にある救急搬送、孤立死など、社会的孤立と関係の深いテーマ、および社会的孤立を防止する諸活動のあり方に関する研究である。

　これらの課題はどれもが困難な研究課題であり、短期間で解明できるものではないが、将来にわたるテーマとして提起したい。

（三浦ふたば・中島裕彦）

第1部　日本における高齢者の社会的孤立問題

● 「高齢者の援助拒否・孤立・潜在化問題研究会」関連諸調査・報告書一覧
□2004年3月発行・京都市上京区民生委員調査報告書
「京都市上京区における見守りと支援を必要とする高齢者と民生児童委員の活動にかんする調査報告」［2003年3月～4月、京都市上京区の民生児童委員157人に直接配布、回収率98.1%］
□2004年3月発行・京都市上京区老人福祉員調査報告書
「京都市上京区における見守りと支援を必要とする高齢者と老人福祉員の活動にかんする調査報告」［2003年3月～4月、京都市上京区の老人福祉員100人に直接配布、回収率100％］
※（以上、立命館大学人間科学研究所学術フロンティア推進事業「対人援助に関する『人間環境デザイン』の総合研究」福祉情報プロジェクトサブプロジェクト・孤立高齢者調査チーム）
□2006年7月発行・介護支援専門員調査報告書（第1次）
「要援護高齢者の援助拒否・社会的孤立・潜在化問題に関する調査報告書（第1次）」［2005年11月～12月、中央社保協などに配布依頼・426件回収］
□2006年7月発行・介護支援専門員調査報告書（第1次ダイジェスト版）
「要援護高齢者の援助拒否・社会的孤立・潜在化問題に関する調査報告書（第1次）の要旨（ダイジェスト版）」
□2006年7月発行・介護支援専門員調査報告書（第1次別冊自由回答）
「要援護高齢者の援助拒否・社会的孤立・潜在化問題に関する調査報告書（第1次報告別冊自由回答）」（第1次の別冊自由回答）
□2008年3月発行・介護支援専門員調査報告書（第2次）
「高齢者の援助拒否・孤立・潜在化問題研究会・第二期研究報告書（第1分冊）」［①研究会報告（真田是先生の社会問題意識の視点、地域包括支援センターと地域支援事業のしくみについて、地域包括支援センターの現状と課題、泉北ニュータウンにおける孤独死、自殺予防の観点から検討する介護予防事業うつ予防・支援」の状況、②20件のインタビュー調査報告］
□2008年3月発行・大生連・老齢加算アンケート再集計報告書
「高齢者の援助拒否・孤立・潜在化問題研究会・第二期研究報告書（第2分冊）生活保護費削減による生活保護受給者の生活への影響―全大阪生活と健康を守る会2006年度夏季アンケート・冬季アンケート再集計―」［全大阪生活と健康を守る会が行った2006年度夏季アンケート・冬季アンケートを再集計したもの。回答票190件］
□2008年3月発行・うつ予防関連事業市町村調査報告書
「高齢者の援助拒否・孤立・潜在化問題研究会・第二期研究報告書（第3分冊）―『地域支援事業』における『うつ予防・支援』実施状況調査報告―」［2007年9月、高齢者自殺率の高い4県と大都市の229市町村に配布、回収率43％］
□2009年4月発行・ホームヘルプ軽度者排除問題調査報告書
「訪問介護における『軽度』高齢者排除・生活援助制限問題に関する調査報告書」（ホー

ムヘルパー全国連絡会との共同調査）［2007年2月、ホームヘルパー全国連絡会会員等370人に配布、回収率21％］

□2009年11月発行・地域包括支援センター調査報告書
「地域包括支援センターにおける高齢者の援助拒否・社会的孤立・潜在化問題に関する調査報告書第一次集計」［2009年2月、近畿圏全地域包括支援センター560箇所に郵送、収率29.8％］

□2012年2月発行・地域包括支援センター調査報告書
「地域包括支援センターにおける高齢者の援助拒否・社会的孤立・潜在化問題に関する調査報告書第一次集計」［2011年2月、近畿の全地域包括支援センター560箇所に郵送、回収率24.6％］

※（以上、立命館大学医療・福祉エンパワーメントプロジェクト・サブプロジェクト高齢者の援助拒否・孤立・潜在化問題研究会）
※民生委員調査は、「高齢者の援助拒否・孤立・潜在化問題研究会」の前身となった調査。
※ともに立命館大学・医療生協プロジェクトなどの助成を得ている。

第4章

高齢者の生活問題と社会的孤立

はじめに

　本章では、日本における高齢者の社会的孤立問題と関連して、まず格差のある高齢期の生活と社会関係を確認し、「高齢者の援助拒否・孤立・潜在化問題研究会」の報告書の事例研究から孤立した高齢者の生活後退の概要を紹介し、高齢者社会的孤立の背景と形成過程を考察する。

1. 高齢者の生活問題
―格差のある高齢期の生活と日常生活の困難

(1) 格差のある高齢期の生活

　日本の高齢者はしばしば、「孤立していない」「豊かだ」といわれてきた。確かに、多彩な社会活動と人間関係に囲まれて高齢期の生活を豊かに送っている人々はいるであろう。しかし、筆者が出会った高齢者には格差があった。
　たとえば、妻と子の家族とともに二世帯住宅で暮らし、不足のない年金と相当額の貯蓄があり、引退後の体調も良好であって、在職時の友人とも趣味の活動に出かけたり、家族と食事や買い物に出かけたりと、「悠々自適」の

生活を送る高齢者がいた。

　また、脳梗塞で重介護の60歳代後半の男性の場合、介護保険サービスを十分に利用し、手厚い親族介護を受け、自宅の介護環境もよく、年金収入・貯蓄ともに心配がない状態だった。

　一方、寝たきりの要介護の妻を介護していた70歳の男性の場合は、自身も脳卒中で倒れて入院してしまい、妻は一時的に子に引き取られた。男性は元中小企業の現場労働者で、長期住宅ローンでマンションを購入していた。しかしそのマンションは部屋も廊下も狭く、ベッドや車椅子は持ち込めない。在宅介護費用は払えず、まして有料老人ホームに入る費用はない。2人とも特別養護老人ホームの入所待機中である。

　急な鉄階段の共同アパートに住む60歳代後半の女性は、腰痛症で入院し要介護1となった。退院はできたが歩行障害が残り、急な鉄階段の上り下り、和式の共同トイレでは生活できない。年金は月10万円弱だが、若干の蓄えがあるため生活保護は受けられない。親族ときょうだいは亡くなり、退職後は社会交流を縮小したため助けてくれる知人もいない。ヘルパーの介護で何とかアパート生活をしている。

　このように高齢期の生活には、心身状態、生活手段（所得・貯蓄、住居、設備）、親族、近隣関係など、多様な格差がある。この格差は在宅生活の可能性を決定的に左右する。

　われわれが高齢期の生活を見るときに無視してならないのは、こうした「平均」では捉えられない格差である。低年金で生活する高齢者は、社会的体裁＝社会関係を保つための被服、外出、交際などの費用も節約を余儀なくされる。介護の自己負担分を節約するため、サービスを減らす高齢者の存在はしばしば指摘される。

(2) 所得、生活手段の貧困と格差

　図1は、65歳以上の単独世帯の所得金額階級別分布である。最も度数が高い（最頻値）のは100〜150万円の階級で、全体の21.5％を占めている。50〜100万円未満は21.0％で、150万円未満の合計は46.2％となる。単身高齢者（70

第1部　日本における高齢者の社会的孤立問題

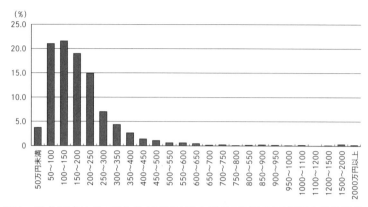

図1　平成27年1月1日から12月31日までの1年間の65歳以上単独世帯の所得金額階級別分布（％）

所得とは、稼働所得、財産所得、社会保障給付金、仕送り、企業年金・個人年金等、その他の所得（一時的仕送り、冠婚葬祭の祝い金・香典、各種祝い金等）をいう。
（出所）平成28年国民生活基礎調査・所得票　第109表より筆者作成

歳以上）の生活保護基準の年額は約140万円（1級地の1、住宅基準3.8万円とし、冬期加算・期末一時扶助を計上、医療単給の場合含めず）だから、単独世帯の半数近くは保護基準以下ということになる。

なお、女性の単独世帯の場合で最も度数が高い（最頻値）のは50～100万円の階級で全体の25.1％も占め、150万円未満の合計は52.3％であった。

ところで、国民生活基礎調査の「概要」（厚生労働省 2017）に記載された高齢者世帯（65歳以上の者のみで構成するか、またはこれに18歳未満の未婚の者が加わった世帯）の1世帯当たり平均所得金額は308.4万円とされている。これは高齢夫婦などで複数の所得がある場合の「平均」であり、単独世帯（ひとり暮らし高齢者）と大きな乖離があることがわかる[1]。

資料は省略するが、平成26年全国消費実態調査による「男女、貯蓄現在高階級別世帯分布（単身世帯）」で、高齢者の貯蓄の最頻値は100万円未満（無貯蓄は含んでいない）で19.8％である。すなわち高齢者の5分の1は、貯蓄が100万円未満である。

1　唐鎌直義は、国民生活基礎調査や家計調査を駆使し、高齢夫婦世帯の貧困を明らかにしている。唐鎌直義、2016、「増え続ける貧困高齢者」稲葉剛他編『ここまで進んだ格差と貧困』新日本出版社

(3) 生活後退に現れる高齢期の日常生活の困難——生活後退

筆者らは、在宅高齢者の生活の悪化を「セルフ・ネグレクト」と表現せず、「生活後退」としてきた。

「生活後退」とは、在宅高齢者の衣・食・住を中心とした基本的な生活の局面で現れる生活内容の貧困化・悪化および自律的回復が困難な状態である（次節および本書第1部第1〜3章を参照のこと）[2]。

2. 高齢者の援助拒否・孤立・潜在化問題研究会の事例研究から

本書の第3章で、「高齢者の援助拒否・孤立・潜在化問題研究会」の概要が紹介された。そこでは介護保険制度の契約型サービスに結びつかず、生活状態が悪化したまま孤立し、地域に潜在化している高齢者の存在が示された。そうした人々は、周囲で気づいているが接触が困難な人々であった。

研究会では、アンケート調査への協力を得た介護支援専門員に聞き取り調査を実施した。本節ではこの事例を紹介する。

2006年に行ったアンケート調査[3]の自由回答から「高齢者の初回面接の際、既に対象者の介護・生活問題が深刻な状態にあり、対応に困った事例」、および「接触困難」「サービス拒否」が明確な事例で、放置された場合は人権を損なう恐れのある回答票を抽出し、了解を得られた9事業所（札幌市、千葉市、東京23区、京都市、大阪市の介護支援専門員）から20事例を聞き取ることができた。表1はそのうちの12事例の要約である。

---

[2] 小川栄二、1998、「ホームヘルプ労働のあるべき姿と改善課題」河合克義編『ホームヘルプの公的責任を考える』あけび書房：97-103、小川栄二、2003、「高齢者自殺への介入―高齢者福祉における訪問援助―」大山博史編『医療・保健・福祉の連携による高齢者自殺予防マニュアル』診断と治療社：113-129などでその詳細を述べている。
[3] 2005年に全国の居宅介護支援事業所（介護支援専門員）にアンケート調査を行ったもの。高齢者の援助拒否・社会的孤立・潜在化問題研究会、2006、「要援護高齢者の援助拒否・社会的孤立・潜在化問題に関する調査報告書（第1次）」

表1 介護支援専門員からの聞き取り調査事例

	プロフィールと生活の概要	援助困難・拒否の状況	関係者・社会関係	援助に至る期間
1	90歳代前半の女性。ひとり暮らし。夫は死亡。子はいない。以前自営業を経営し年金は数万円。腰椎変形症、両膝変形膝関節症で歩行が困難。物忘れ・物探し・被害意識（物盗られ）あり、昼夜逆転。室内散乱、未入浴、尿臭、万年床。	生活状態は悪化しているが、介護認定当初からサービス利用に消極的。接触拒否はないが、なかなか出てこないことがある。サービス開始後、ヘルパー派遣の増回を嫌う。	妹がいるが疎遠。民生委員は介護保険・ヘルパー利用開始を知らされていなかった。隣家は関係良好、他の近所とはもめごとが絶えなかった。	接触はできるが、サービス増を受け入れない。
3	80歳代独居女性。元教員。伝い歩き、便失禁。室内散乱し、本人が座るところだけすり鉢状。失便、長期未入浴。	なかなか出てこない。「いいです、結構です」という応答。	親族は姪のみ。教え子との交流がある。近隣との行き来はないが、関係は悪化していない。	推定1年以内
4	80歳代後半の男性、元教師。妻死別。親族は本人と接触できる長女のみ。近隣からは変わり者と見られ、つき合いはない。ごみ出しの曜日がわからず、毎日のようにごみを出す結果、近所の住民とトラブルになる。	娘以外は受け入れない。ケアマネジャーに「帰れ！」と怒鳴る。	親族は唯一本人と接触できる長女のみ。近隣トラブルあり。	娘は受け入れていた。
5	70歳代女性、脳梗塞、失語・片麻痺で、リハビリテーション施設に通所中。服装・身体が不潔。50歳代の息子との2人世帯。	援助「拒否」者は「引きこもり」の息子。虐待の意図はないが、実態は介護放棄。	閉じこもった2人世帯。本人は通所施設でリハビリ。	推定3年半前から
8	80歳代後半女性、脳梗塞後遺症。40歳代の長男（脳梗塞）、30歳代半ばの知的障害が疑われる次男の3人世帯。食生活貧困。他に別居の娘あり。	「今日は疲れているからいいです」と玄関先でサービスを断る。	社会関係全体は不祥。子どもとの関係は悪くない。	退院後1週間
9	80歳代の女性。夫死別。子ども2人は別居で交流は少ない。本人には重篤な疾病があるが歩行可能。経済的には土地資産があり裕福。認知症があり、外出時の服装がアンバランス。身体は不潔。	ADLが低下のため知人が在宅介護支援センターに相談。「親族でないので介護保険の申請はできない」と断られた。	知人、別居子2人、交流は少ない。近隣トラブルあり。	推定3～4年前から

第4章　高齢者の生活問題と社会的孤立

	プロフィールと生活の概要	援助困難・拒否の状況	関係者・社会関係	援助に至る期間
11	70歳代後半、女性、独居。夫と死別。地域で有名な「ゴミ屋敷」。3年前から段ボール山積み、ブルーシートで覆っている。ADLは「自立」。	福祉課保健師が今後も関わることは否定しないが、戸を少し開けてあいさつし、玄関しか見せない。	保健師、生保ワーカー。夫の葬式費用で親族関係のトラブルがあった。子どもはいない様子。兄弟関係は疎遠、民生委員は月1回程度の訪問。	推定5年前から
13	70歳代後半女性、夫は80歳代前半、息子（就労中）の3人世帯。他に別居の子1人。本人は認知症が激しく、軽度の視覚障害・呼吸器疾患がある。夫は疲れている。本人はデイサービスなどの利用を拒んでいる。	家族がいるため接触は可能。	民生委員、地域包括支援センター。介護保険情報は福祉事務所より。	推定数年前から
14	70歳半ば男性。独居。脳出血・右片麻痺、要介護5。昔、家を飛び出して日雇い仕事に従事。脳出血・右片麻痺となり、妻子のいる近くに転居。借金数百万円。要介護4。	援助「拒否」者は近隣に別居する妻。初めはケアマネジャーとの接触拒否。生保ワーカーも入室できなかった。	居宅介護支援事業所、別居の妻、福祉事務所ワーカー、見守りボランティア、民生委員、町会長。	4年前（転入時）から
16	夫婦世帯。夫は元公務員。要介護5。以前から入浴サービスだけ利用。妻は夫の介護者だったが、脳卒中を起こし、要介護5。	妻・次男は訪問入浴以外は「サービスを希望しない」「お金がない」という。	ケアマネジャー、訪問入浴、医師。近隣の交際はない。	推定通報の2年前から
17	夫婦世帯。夫は年相応の虚弱。元左官業。妻は元書道の先生。認知症、被害的言動、食事を摂らない。夫婦とも何十年も粗食。	介護保険申請を助言するが、「お金がかかる」と申請せず。	親族とは絶縁状態、近隣者はあきらめている。訪問看護、医療機関、居宅介護支援事業所との関係あり。	推定2年
19	介護保険制度以前からのデイ、ホームヘルプの利用者。妻は脳梗塞。やっと伝い歩行。栄養状態悪化。おむつを替えていない。夫は判断力が弱い。介護できない。	「拒否」はないが孤立している。	近所づき合いはほとんどない。民生委員の訪問はあった。子ども、親族不明。	一旦サービスを受けたがその後中断。

63

(1) 事例に見られる生活問題と深刻な生活後退（プロフィールと生活の概要欄の詳細）

室内の散乱と不衛生は多くの事例に見られた。事例1では認知症が推測される被害意識に加え、室内は散乱していた。新聞、郵便物、広告、布団、布団綿、衣類、弁当箱の空容器などが畳から30cm以上積まれており、本人が座っているところだけがすり鉢状に穴が空いたような状態。さらに、便のついた足で歩いた足跡が残り、便を拭いた新聞紙が放置されていた。表1に記載されていないものも含め、同様の状態はほかにも事例3、5（玄関は足の踏み場のないゴミ、チラシ、郵便物）、11、18などで見られた。

食事の貧困化も多く見られた。事例1では食事を摂っていないのか栄養状態が悪そうで、顔もげっそりしていた。事例8では、貧困な食事が以前から続いていた。事例17は夫婦とも何十年も粗食だが、介護保険を利用していない。事例19は栄養状態が悪化し、「拒否」はないが孤立していた。

未入浴や失禁で保清がなされていない状態は事例3、4、5、9、13で見られた。事例14では「世話は別居の妻がおこなっているが、本人は2つに折れるベッドの上で寝たきり、約1年間水とパンしか与えられていなかった」という虐待の状態であった。

こうした20事例の聞き取り調査だけでも、「生活後退」の背景には多様な原因やいきさつがある。

(2) 接触困難、援助「拒否」の多様な姿

接触困難、援助「拒否」の状況は多様である。要約して表1の第2欄に示した。

「拒否」の方法は、事例4のように「帰れ！」と怒鳴るものから、事例3の「いいです、結構です」のようにていねいな言い方までさまざまだった。また「拒否」するのは本人はもとより事例5、14、16などのように家族・親族の場合もある。接触して話ができる場合もあった。

「拒否」の内容は接触拒否＝拒絶から、介護保険申請・サービス利用の「拒

否」、サービス変更（内容や回数）の「拒否」まで多岐にわたった。家族による「拒否」もある。また、費用負担が理由となっている場合が数例あった。

(3) 親族、地域関係、サービスに結びつく期間

　この聞き取り調査で、高齢者世帯の半数以上は独居であったが、高齢者のみ世帯、息子との同居世帯などもあった。そして、「積極的に援助を求めない」「助けてと言わない」「拒否する」などを典型例とする形でサービスに結びついていなかった。また筆者らは、「家族まるごと」の孤立があることを確認した。親族、地域、相談機関、サービス機関との接触が頻回でも、「親密度」は異なることもわかった。

　訪問やサービスに結びつくきっかけは、民生委員、知人、親族などの連絡であった（表1「関係者・社会関係」欄）。つまり孤立して「姿も見えない状態」ではないから、何とか支援に結びついていた。しかし、姿が見えない「潜在化」の場合は「孤立死」にもつながると考えている。

　また、援助が必要になってから援助を受けるに至る期間が1年以上という例が少なくない。それだけの「タイムラグ」があった。その期間は「孤立」した状態である。

3. 高齢者の社会的孤立を捉える視点——先行研究から

　社会的孤立問題研究のレビューは河合克義が詳しく行っており（河合、2009：13-68）、それを超えるものではないが、若干述べておきたい。

(1) 労働組合による都市の高齢者調査

　東京都区職員労働組合は、研究者と同組合員が協力して1985年から1988まで東京・世田谷区で高齢者の調査を行い、報告書を出している（東京都区職員労働組合、1988）。同報告書から、世田谷調査の前提の位地にある「東京

都中心部（Inner City）の労働と生活の衰退、『空洞化』問題」を見てみる（前掲書、13-52）。

調査報告では、住宅状況の悪さ（持ち家、借家、スプロール化など）、職業階層と収入分布に見られる格差などを指摘している。そのもとで、「孤立・孤独化現象」が社会的に弱い層に集中的に見られる、としている。それは、業務化の進展による住宅環境の破壊、粗悪な民営借家・アパート、住宅環境の不定と低水準＝「生活基盤」の不足と低水準のため、若年・壮年層を中心に郊外へとスプロール化し高齢者が取り残される、という分析である。

ただしそれには格差があり、「"一人暮し老人"は、かなり下層のサラリーマン・労働者であった者のたどりつく一つの形態である可能性がきわめて高い」「家族の中にいたとしても、家族に相当の負担となり、家族ぐるみの孤立・孤独化をもたらしやすい」という。

こうして報告書は、①生活基盤・制度・設備・施設の不足が、高齢者など社会の弱い層の生活の不安定化・孤立・孤独化と結びつきやすい、②「生活基盤」の欠如は低所得世帯の家計負担を強め、交際費の節減は社会的孤立傾向を強める、③都市労働者が資本の移動とともに移動する傾向がある、という調査仮説を実証的に明らかにしている。

自治労連は2000年に、「高齢者介護に関する住民生活調査」を行っている（日本自治体労働組合総連合・地方自治問題研究機構、2001）。介護保険制度が、介護問題全体のうちの一部にしか対応していないため、「介護保険制度対象外」の人々も含めた地域高齢者の生活実態を調査しようとしたものである。

それによると、介護保険制度施行から半年経過して保険料徴収も始まっている時点で、制度を「知らない」高齢者が6.8％あった。回答者のうち「申請していない」人は82％だったが、その理由として「知らなかった」が10％あったことも明らかとなった。

東京都江東区の職員労働組合は2011年に、65歳以上の区民の6割が単独または夫婦のみの世帯で、区民の8割以上が集合住宅に住む同区で調査し、2012年に報告書を出している。

この調査で明らかになったことは、①ひとり暮らし高齢者で、経済的に苦しい、健康状態が悪いと感じている人ほど社会的孤立状態におかれている

ケースが多く、また近隣住民による支援に対して抵抗感が高い傾向にあること、②生活上の不安定さをもつ高齢者ほど、社会的に孤立しやすく、コミュニティの「支え合い」にもなじみくいという特徴があること、などであった（こうとう福祉プロジェクト、2012：16、34、91）。

(2) 社会的孤立と相対的剥奪 (デプリベーション)

「社会的孤立問題」への研究的視点のいくつかについて触れる。

1) 「客観的な標準」について——タウンゼント著『居宅老人の生活と親族網』

知られるように、タウンゼントが1957年に著した『居宅老人の生活と親族網』（Townsend, Peter, 1957）は、山室周平、服部広子他[4]によって翻訳出版されている。

タウンゼントは労働者階級の町ロンドン東部で高齢者のいる261世帯を調査し、親族の状態、同居家族や別居親族とその子との交流・役割、医療・サービス、職業と所得（年金・公的扶助）などの情報を丹念に集め、生活状態と親族関係を分析した。タウンゼントは孤独と社会的孤立とを区別し、社会的孤立は、客観的な標準と関連させて測定される必要があるとした。測定の方法は操作的定義による得点化であるが、今日に至るまでこの測定方法が日本の研究に大きな影響を与えている。

なお、この「客観的な標準と関連させて測定」について、タウンゼントはその後「問題はいくらか貧困測定におけるそれに似たところがある。『貧困』(poverty) は本来絶対的というよりむしろ相対的な用語」としている。

2) 社会的孤立と相対的剥奪

唐鎌直義は高齢者の社会的孤立とタウンゼントの「相対的剥奪」との関係を次のように説明している（唐鎌、2003：15）。

---

[4] 1974年に山室周平訳『居宅老人の生活と親族網』垣内出版、服部広子・一番ケ瀬康子訳『老人の家族生活』家政教育社、が翻訳出版されている。

タウンゼントは、この新しい貧困を「当該社会において慣習上、標準的と認められている生活様式を送ることができない状態」と規定し、これを従来の「貧困」（ポバティ）概念と区別して、「相対的剥奪」（リラテイブ・デプリベーション）と名付けた。標準的な生活様式（standard of living）の一部または全部が他人と比べて剥奪されている状態、という意味である。……（中略）……またタウンゼントは、そうした貧困が個人や世帯を社会から「孤立化」させている点に着目した。……（中略）……こうして「社会的孤立化」はひとつの重要な「相対的剥奪」の指標になった。

　そして唐鎌は、1987年にタウンゼントらが著した『ロンドンにおける貧困と労働』の中で、「デプリベーション指標」を作成していることを紹介している。この指標は、「物質的デプリベーション」と「社会的デプリベーション」から成るが、「社会的デプリベーション指標」の1つとして地域社会への統合の欠如――「孤独または孤立している」があげられている（唐鎌、2003：16）。

3）デプリベーションについて――江口英一

　江口英一は、「貧困」の概念を社会的慣習的水準論におけるデプリベーションと捉え、それは「"人なみ"の生活が不可能な状態におかれ、孤立・分散・未組織の状態の中で、隠蔽された状態」（江口、1979：17）という。

　そして、女子日雇労働者世帯の形成の事例研究を取り上げて分析するなか、社会関係からの孤立化が、頼ろうとする相手にそれだけの資力・条件もないこと、自らも交際費が欠如していること、それが原因となり、交渉を自ら断ちきる形となっていることを指摘している（江口、1979：247）。

　さらに「劣悪な条件の中で、"人なみ"の生活が不可能な状態におかれ、孤立・分散・未組織の状態の中で、隠蔽された状態」に至り、「そのような孤立化の純化されたものが老齢孤独の世帯」（江口、1979：248）だとしている[5]。

5　大須眞二は、江口が、日雇労働者が社会的「孤立」のなかに存在していることを発見し、社会的「孤立」という性格を今目的な貧困の重要な指標と位置づけたことを先駆的だと評価している（唐鎌直義・大須眞治、1990、「『社会階層』にもとづく社会的事実の発見」江口英一編『日本社会調査の水脈』法律文化社：470）。

この「孤立的分散的で未組織」「隠蔽された状態」の視点は、今日のサービスから排除された高齢者の「潜在化」問題（本書第1部第3章）、社会的孤立とコミュニテーのあり方に示唆を与えると考える。

4）「社会的」の意味と「政策がつくり出す孤立」

河合克義は、1980年代から孤立問題に着目し、東京港区、葛飾区、山形県、沖縄などで高齢者調査をしてきた。そうした蓄積の上で、『大都市のひとり暮らし高齢者と社会的孤立』（河合、2009）を出している。

河合は、厳密には「孤立」と「社会的孤立」とを区別すべきとし、「階層性」「家族と地域社会の脆弱化」「政策がつくり出す孤立」の3つの要素を提起している（河合、2009：73-82）。「階層性」については、社会的孤立が高齢期以前の労働と生活の状況からつくり出されていることを、不安定就業層などの具体的事例で浮き彫りにしている（河合、2013：179-280、305-308）。

また「家族と地域社会の脆弱化」の要因として、地域社会の不安定性が住民の移動を強制する面（住居や収入の不安定性）を指摘している（河合、2013：19）。河合は以前から「深刻な生活問題に直面する人ほど、残念ながらその問題解決に関わる公的施策の正しい情報を持たず、さらに生活力そのものの後退が見られる」と指摘していたが（河合、1996）、さらに、問題を抱えつつも「助けてと言えない」人々の契約制度の「見落とし」を指摘している（河合、2013：20）。そして、地域の問題をまるごと把握してサービスにつなぐ専門家のアウトリーチを公的責任で行うべきと考えている（河合、2015）

4. 高齢者の社会的孤立の背景と形成過程を考える

高齢者の社会的孤立についての先行研究では、社会的孤立状態を、①親族関係、②地域関係、③その他の社会関係（いわゆる「社援」や知人関係）、④社会制度との結びつき、などを操作的定義にもとづき測定するものが多い。近年ではいくつかの因子との相関関係に着目した解析がさかんである。

それらは現状を把握する手段として有効だと思う。しかし、江口英一らの

指摘[6]など貴重な知見はあるものの、筆者自身の研究も含め、高齢者が社会的孤立状態に至る"メカニズム"は、十分には解明されていないと考える。

数多くの人々の支援に携わった筆者は、高齢者が社会的孤立状態に至るには、複数の、多様な、しかも社会的要因と個人的経緯を伴うものであることを見てきた。高齢者は、「現役期」に形成できた、または形成できなかった、あるいは失った社会関係を背負って高齢期に入る。年金や住居・資産などの生活手段の格差はいうまでもないが、人間関係の豊かさ・貧しさも、いわば「正と負の蓄積」として引き継ぐのである。

さらに、高齢期の心身機能の低下による活動の低下と社会関係の縮小や、親族や知人の喪失という一見パーソナルなものに見える社会関係の変容も、個人責任とはいいがたい。

ここでは、筆者のケースワーカーとしての経験をもとに、いくつかのモデル的事例を提示し、筆者が推測する高齢期の社会的孤立をもたらす要因を整理しておきたい。これらは、経験にもとづいた推測の域を出ないものだが、この機会に述べてみたいと思うのである。

(1) 現役期に用意される孤立化の要因

第1は、幼少年期の貧困や養育環境である。貧困と親の死亡などによる「親戚間のたらいまわし」などの不幸な環境は、生涯の血縁関係の乏しさにつながっていた。戦前の貧農出身者や長子でない子は早くから奉公に出された。戦後の農村出身者もまた、農業では食べられない状況のもとで、高度経済成長期に至るまで、若年にして都会の住み込み就労に出た。出稼ぎや行商もあった。

第2は、青年期の労働と生活、離家・独立の時期の社会生活の形成である。

---

[6] 江口英一は、「世間並みの体裁を保ち、社会生活上はずかしくない生活を営むために必要とされる費目」(社会的強要費目) の不足は、社会的孤立化をまねく、としている (江口英一・相沢与一編、1986、『現代の生活と「社会化」』労働旬報社)。大山博は「人なみの生活条件が剥奪され充たされないでいる状態」をDeprivationと見て「現実の状態は孤立的分散的で未組織であり社会参加不可能な状態におかれている」としている (「『福祉行政』におけるナショナル・ミニマム論と権利論」江口英一編著、1981、『社会福祉と貧困』法律文化社:465)

それは幼少年期の生活を引き継いだ独立時の困難（たとえば、実家を飛び出して離家したなど）、住居の確保の困難、その原因となる青年期の低賃金、住み込み就労・寮生活などであった。

　第3は、独立後の生活の困難である。この時期の生活史は実に多様である。

　この各時期に親族関係、地域関係、職場・知人関係が労働生活を中心に変容した。それらは、高度経済成長期だけでなく、新自由主義政策下での雇用と労働力の流動化（頻繁な転勤・転居による地域関係の途絶）、その極端な現れとしての「不定住」「ホームレス」などでもあった。

　筆者が出会った、孤立して生活も困難な人たちの多くは、それぞれ懸命に働いてきたが、人々のつながりは希薄であった。家族は小規模（単身、核家族）であったし、地域社会でのつながりは薄かった。

　そしてこの時期に、結婚、子育て、子離れなどのライフイベントと出費、予期せぬ傷病、倒産、リストラも待ち受けていた。それは、その各時期の社会経済変動に規定されつつ、人々の個々の生活史（労働と生活）の多様な出来事と結びついていた。

　たとえば戦争中の疎開や空襲、戦後の引き上げ、戦後～50年代の不況、その後の高度経済成長期、オイルショック後の長期不況、バブル期とその崩壊後など、それぞれの時期とライフイベントは重なり合っていた。

　第4は、労働生活における労働者としてのつながり・結びつきの欠如である。多くの事例は、不安定就業のなかで、労働の仲間をもたず、未組織で孤立分散的であったように思える。リストラに遭った人も、本人を守ってくれる組織的活動には出合っていなかった。

　こうした高齢期以前の労働と生活の期間に形成された、または形成されなかった、あるいは喪失した生活基盤と社会関係は、正と負の蓄積となる。それぞれの人々の生活史は個人によって異なるが、社会経済変動の波に「翻弄」される木の葉のごとくであった。

　以下は、筆者が出会った中高年者の例である[7]。

　A氏は、戦前の生まれの男性、当時65歳。5人きょうだいの第5子。農家

7　筆者が出会った人々をもとにしているが、個人が特定できないように一部書き替え、詳細は省略している。

出身で両親とも戦後まもなく病死し、祖父のもとで育てられた。他のきょうだいもそれぞれ親族に引き取られた。

　A氏を引き取った祖父もその後養育困難となり、A氏は児童養護施設に入所した。退所後は地元の土木作業員として働いた。高度経済成長が始まった1950年代末からは、都市に出て舗装工として働いた。飯場生活、「ドヤ」生活もあったしアパート生活もあったという。

　50歳代で罹患した疾病で長期療養を余儀なくされた。快復後は生活保護の宿所提供施設に入所した。親族関係の連絡は途絶え、不定住の生活のなかでは地域関係、知人関係は形成されず、孤独な生活を送っていた。出身世帯もなくなった。

　Bさんは、戦中生まれの女性、当時60歳。2人きょうだいで姉がいる。疎開中に終戦を迎えた。疎開から帰ると町は空襲で焼け野原になっていたという。

　中学校を卒業後、地元の縫製店に見習いとして就職。他市に移り縫製関係の仕事に就いて、20歳代で結婚したが間もなく離婚。以降、多くは縫製関係の零細企業で縫製工として働いたが、繊維産業の大きな変動のなかで、職を失った。そのため姉を頼って大都市に移り、製造業、販売員、飲食店員など多種の仕事に就いてきた。

　50歳代半ばから腰痛症となり就労が困難になった。現在暮らしている急な外階段の2階、6畳1間のアパートでは日常生活が困難である。しかも姉が亡くなり、保証人を得ることが難しくなって困っている。しかし、一定の蓄えがあるので生活保護は受けられない。転職と転地により、ある程度つくられた知人関係は途絶えている。

　C氏は戦後生まれの男性、当時55歳。事情があり母に女手1つで育てられた。中堅企業に就職し幹部にもなった。結婚して母とともに3世代家庭で生活した。

　しかし会社は倒産。C氏は事業の失敗の責任を問われたという。離婚して家族は離散、母は老人ホームに入所した。C氏は社員寮つき販売員の仕事につくが、ノルマが達成できないと生活費を前借りしなければならなかった。

　そんな折、55歳で脳梗塞を発症。入院とともに解雇となり、社員寮も

失う。転院、退院先に困っている。知人関係、親族関係はあったが、失職がキッカケで喪失している。

　社会全体を見れば、もっと裕福な人々や「中流」の人々もいるだろう。ここで取り上げることはできないが、労働生活に規定された生活様式、消費様式、地域関係の変容、地域生活への資本の参入と生活の商品化など、社会関係そのものを「希薄化」させる社会生活の仕組みも見なければならない。さらに低所得高齢者の増大、「中流のズレ落ち」[8]など格差の拡大は孤立化の要因となるだろう。

　このように、社会的孤立の状態は、社会的背景に強く規定されながら、高齢期に入る以前の労働生活と労働外生活のステージのなかで形成され[9]、高齢期に正と負の蓄積として引き継がれる。

(2) 高齢期に引き継がれる現役期の生活

1) 高齢期生活への突入

　現役期の正と負の蓄積を背負いつつ高齢期に入った高齢者が出合うのは、生活基盤の変化、社会関係・地位の変化である。加えて、近年の過酷な社会保障の改変が進んだ現実である。

　そのうち生活基盤については、引退による就労収入の減退・喪失と年金収入・扶養・貯蓄の取り崩しへの移行である。それぞれの収入が現役期の労働と生活を反映することはいうまでもない。

　低所得高齢者は社会的固定費用と少ない可処分所得に挟まれ、外出の機会、交際費用などを節約せざるを得ない。これは、金澤がいうように「社会的な体裁と社会関係を維持する費目の節約」（本書第1部第2章参照）であり、社会的孤立の経済的要因となる。

8　金澤誠一、1987、「勤労者世帯生活の実態──『中流』の形成とそのズレ落ち」、江口英一編、『生活分析から福祉へ』光生館、参照。

9　山田は「高齢期の貧困・生活問題創出過程の3類型」としてライフステージ別に次の3つの類型を示している。1) 類型Ⅰ：幼少・青年期の貧困・生活問題要因によって生涯、貧困・生活問題を抱える、2) 類型Ⅱ：壮年期に形成された貧困・生活問題要因によって生活傾斜し、そのまま高齢期に至る、3) 類型Ⅲ：高齢期に新たな貧困・生活問題を抱える（山田知子、2010、『大都市高齢者層の貧困・生活問題の創出過程─社会的周縁化の位相─』学術出版会：272-4）

2) 高齢期の社会関係の変化

①高齢期、特に要介護期の縮小した社会関係による孤立

引退によって、自分のための時間は取れるようになるが、社会的地位の変化、労働収入の喪失と年金への移行は、低所得層の高齢者の社会関係の縮小を余儀なくされる要素となる。

②親族・知人の喪失孤立

高齢期には悲しいことだが、同時代の親族、知人を失う。夫婦世帯が配偶者を亡くせばひとり暮らしとなる。現役期に形成された親族・近隣・知人関係には「格差」がある。知人の転出、人々の流出入による人間関係の希薄化、もある。

③本人は動かず周囲が変化することにより進む孤立

大都市でのオフィス街・商業地域化、地方都市での過疎など環境の変化と人間関係の希薄化、ニュータウン型——定住的だが、知らない人々がいっせいに転入し、いっせいに高齢化する。地域関係が形成されず、子ども世帯も転出して戻って来られない——などである。加えて、高齢期の地域変動（再開発、商業地化など）もある。

④高齢者自身の移動による孤立

老朽アパートの建て替えによる立ち退き、再開発などによる立ち退きなどの不本意な移動は、それまで形成してきた地域関係を失う。「引き取り扶養」による転居もある。しかも近年、サービス付き高齢者向け住宅（決して住みなれた地域と限らない）への転居が推奨されている現実がある。

3) 制度利用からの乖離・排除による孤立

前節の事例で明らかにしたように、要介護状態になってもサービスと結びつかない問題は深刻である。介護保険制度は契約・利用制度であり、要介護認定申請を行わなければサービスに結びつかない。

しかし近年、「卒業」と呼ばれる介護保険制度からの排除の動向がある。「見守り」や「ネットワーク」は2006年制度改定以降謳われたが、公的責任にもとづく積極的なアウトリーチはごくわずかな実践にとどまり、地域の責任

に帰されようとしている。老人福祉法にもとづく積極的な措置が求められるものである。

おわりに

　高齢者の社会的孤立は、すべての高齢者がそうした状態になるわけではないが、格差ある社会のなかで確実に存在する。そのなかで見過ごせない「生活後退」も表れること、社会的孤立は高齢期以前の生活基盤と社会関係の形成を引き継ぎつつ固定し、高齢期に入ってなお変化に晒されることが確認できると考える。そして何よりも、各ライフステージにおいて、社会的孤立が生まれない社会のあり方の模索が必要ではないだろうか。

（小川栄二）

文献
- 厚生労働省、2017、「平成28年国民生活基礎調査の概況・結果の概要・II各種世帯の所得等の状況」（2018年2月1日取得、http://www.mhlw.go.jp/toukei/saikin/hw/k-tyosa/k-tyosa16/dl/03.pdf）
- 江口英一、1979、『現代の「低所得層」上』未来社
- 唐鎌直義、2003、「貧困論の現地点と貧困・低所得層の動向―社会福祉運動の基盤として―」真田是監修・浅井春夫他編『講座21世紀の社会福祉　社会福祉運動とはなにか』かもがわ出版：15
- 河合克義、1996、「政策がつくりだす貧困と社会的孤立」『住民と自治』1996年9月号：74
- ―――、2009、『大都市のひとり暮らし高齢者と社会的孤立』法律文化社
- ―――、2013、「社会的孤立問題とは何か」河合克義他編『社会的孤立問題への挑戦―分析の視座と福祉実践』法律文化社
- ―――、2015、『老人に冷たい国・日本「貧困と社会的孤立」の現実』光文社：231
- こうとう福祉プロジェクト、2012、「老いても安心して暮らせるまちづくりをめざして」江東区職員労働組合
- 東京都区職員労働組合、1988、『地域福祉の確立めざして―巨大都市東京の福祉充足のあり方に関する調査報告書』
- 日本自治体労働組合総連合・地方自治問題研究機構、2001、「地域介護調査からみた高齢者の実像―『高齢者介護に関する住民生活調査』報告書」
- Townsend, Peter, 1957, *The Family Life of Old People, An Inquiry In East London*, Routledge & KeganPaul Ltd.（＝1974、山室周平訳『居宅老人の生活と親族網』垣内出版）

第5章

孤立死から考える
高齢者の社会的孤立問題

はじめに

　全国の政令指定都市で2015年度に亡くなった人の30名に1名が、引き取り手のいない無縁仏として、自治体によって税金で弔われていた。無縁仏がこの10年で倍増している。その背景に、死者の引き取りを拒む家族の増加や葬儀費用を工面できない貧困層の拡大があることが、毎日新聞の調査で明らかになった（『毎日新聞』2017年7月16日付朝刊）。
　この新聞記事を見て、いまさら驚くこともないだろう。NHKは2010年1月31日に「無縁社会〜"無縁死"3万2千人の衝撃〜」を放送した。視聴者は、家族や地域住民の関係が希薄になり、孤立している人が増えていることに衝撃を受けた。
　そして、NHKが使用した「無縁社会」という言葉は、2010年の「ユーキャン新語・流行語大賞」のトップテンにも選ばれた。それほどにわが国では、家族や地域住民の関係が希薄化し、この言葉がいまの日本社会を表すキーワードになっているといえる。
　また「無縁社会」と関連して、わが国では「孤立死」や「孤独死」という言葉が耳目に触れることになった。そして、孤立死や孤独死に関する著書も多く出版された（中沢・結城編、2012；岸、2012）。しかし、孤立死や孤独死の定義が明らかではないため（新井、2014）、実態調査や研究も途上である。

そこで本章では、先行研究で明らかにされた孤立死や孤独死の実態を紹介する[1]。そして、高齢者の孤立死・孤独死の実態から何が問題であるかを述べる。

1. 身近になった孤独死

(1) 再び話題になった孤独死

今日、孤立死や孤独死の問題が社会問題になっているが、これらに関する先行研究は少ない。孤独死の実態調査で最も初期のものは、1973年に全国社会福祉協議会・全国民生児童委員協議会（1974）が行った調査である。この調査の結果、1972年に死亡した65歳以上のひとり暮らし高齢者816名のうち、133名（16.3％）が誰にも看取られずに亡くなっていた。

また、この報告書には「社会福祉協議会は、地域住民の参加のもとに関係機関、団体と協力して、だれにも看取られずに孤独死する老人をゼロにする運動を全国的に展開しております」（全国社会福祉協議会・全国民生児童委員協議会、1974：1）と記載されている。ここから、1970年代にも孤独死が問題になっていたことを伺い知ることができる。

しかし、わが国で孤独死問題がマスコミなどで報道され注目を集め始めた発端は、1995年1月17日の阪神・淡路大震災後、仮設住宅や災害復興公営住宅で起きた孤独死である。2011年3月11日の東日本大震災で被災した岩手県、宮城県、福島県の仮設住宅でも孤独死が起きている（『朝日新聞』2016年2月18日付朝刊）。

震災復興とともに孤独死はいったん終息したかのように思われるが、被災地にはいまだに大震災の爪痕が残っている。たとえば兵庫県警によると、2016年の1年間に確認された孤独死は65名（前年比32名増）であった。ここでの孤独死とは、災害復興公営住宅にひとりで暮らし、誰にも看取られずに

---

[1] 提唱者によって、孤立死・孤独死・独居死など使用する言葉が違う。本章では出典の通りに提唱者が使用した言葉を使用する。

亡くなり、兵庫県警が変死と判断した場合をさしている。

　孤独死した65名の平均年齢は76.2歳で、65歳以上の高齢者が約8割以上の54名を占め、年代別には50代5名、60代13名、70代16名、80代26名、90代5名であった。死因別では病死49名、事故死6名、自殺4名であった。発見まで1か月以上経過した人は4名いた。2016年3月に見つかった神戸市垂水区の男性（当時87歳）は、死亡から2か月以上も経過していた（『毎日新聞』2017年1月13日付朝刊）。

　しかし今日では、孤独死は被災地だけでなく、全国各地で起きている。また孤独死は、都市部だけで起きている出来事でもない。たとえば、筆者による東海地区での調査において、小都市や農村部でも孤独死が起きていたことが明らかになった（新井、2016）。

　被災地以外の地域での孤独死問題について再び世論を喚起させたのは、2005年9月24日に放送されたNHKスペシャル「ひとり　団地の一室で」である。番組では、千葉県松戸市にある常盤平団地で起きている孤独死の実態と予防活動に取り組む「まつど孤独死予防センター」の活動が紹介された。特に孤独死した人の約半数が40代から60代前半までの比較的若い世代の男性であった事実に、世間の人々は衝撃を受けた。

　加えて、2006年5月より『東京新聞』が特集を組み、長期にわたって「孤独死を追う」を連載したことも、世論に多大な影響を与えた。

　さらに、内閣府「2014年度一人暮らし高齢者に関する意識調査結果」によると、「孤独死は身近」と感じる高齢者が約4割もおり、会話の頻度が少ないほど孤独死を身近に感じる人が多いという結果が出た。

(2) 誰にも看取られない心構え

　現在、団塊の世代が75歳以上となる2025年を目途に、重度な要介護状態となっても住み慣れた地域で自分らしい暮らしを人生の最後まで続けることができるよう、住まい・医療・介護・予防・生活支援が一体的に提供される地域包括ケアシステムの構築が期待されている。

　その一方で、地域包括ケア研究会「地域包括ケアシステム構築における今

後の検討のための論点」(2012年度)のなかで、地域包括ケアシステムを支えていく重要な要素として「本人と家族の選択と心構え」について記述されている。その心構えとは——。

　2025年には、単身又は高齢者のみ世帯が主流になることを踏まえると、仮に十分な介護サービスを利用し、地域社会の支えが十分でも、従来のような、常に誰かが家の中にいて急変時には救急車で病院に搬送され、病院で亡くなるといった最期ばかりではなくなる。むしろ、毎日、誰かが訪問してきて様子は見ているが、翌日になったらひとりで亡くなっていたといった最期も珍しいことではなくなるだろう。常に「家族に見守られながら自宅で亡くなる」わけではないことを、それぞれの住民が理解した上で在宅生活を選択する必要がある。

つまり、国が推し進める地域包括ケアシステムの方向性に影響を与える地域包括ケア研究会の報告書に、在宅生活を選ぶと誰にも看取られない心構えが必要である、と明記されたことになる。

　この報告書を受けてではないが、今日ではひとり暮らし高齢者が誰にも看取られずに亡くなっても、マスコミなどでは報道されなくなった。そして以下のような、同居家族がいるにもかかわらず世帯まるごと地域や社会から孤立して、誰にも看取られずに死亡しているケースが報道されることが増えた。

　2016年11月17日に岐阜市に住む一家3人の遺体が発見された。父親(73歳)と母親(71歳)は死後2ヵ月程度経過していた。長男(43歳)は知的障害があり、引きこもり傾向であった。死後1週間程度経過していた。
　経済状況は父親・長男は無職で、母親が名古屋市内の食品会社でパート勤務をしていたが、2016年3月に退職していた。主な収入は年金のみで、月2万円の家賃を滞納していた。生活状況は近所付き合いは希薄で、いわゆる「ゴミ屋敷」状態の住宅であった。そして、行政の介入を拒否する援助拒否事例であった。長男は近隣住民とトラブルが絶えなかった。2015年4月に「働きたい」と岐阜市生活・就労サポートセンターの

窓口に訪れたが仕事が見つからず、引きこもりがちだった(『朝日新聞』2016年12月3日付朝刊)。

2. 高齢者の孤立死・孤独死の実態

先述の通り、孤立死・孤独死の定義が明らかにされていないため、全国規模における実態調査は行われていない。しかし、以前から法医学の視点で異状死(外因死、外因の後遺症、内因か外因か不明な死亡の事例[2])に関する実態調査が行われている(原田、1995；上野ほか、1998；反町ほか、1998)。

わが国には監察医制度という死因究明制度があり、東京23区、大阪市、神戸市(北区・西区は除く)、名古屋市で運用されている[3]。監察医制度がある地域では、すべての異状死について死体の検案(医師が死体の外表を検査し死因等を判定すること)および解剖を行い、その死因究明を行っている。

一方、監察医制度がない地域では、所轄警察署の嘱託を受けた医師(検案医)が検案を行っている。その検案医をしている吉田亨(2008)は「孤独死した者の胃の内容物から、男性はお酒のつまみが、女性はお菓子類が検出されるケースが多い」と指摘している。

また、救急救命センターの救急救命士である大松健太郎(2012)は「救急搬送された高齢者の入院時診断名として、脱水症・低栄養が多い」と指摘している。さらに、熊谷修ら(2003)も高齢者の低栄養問題が深刻化していることを指摘している。

そして、法医学者の黒木尚長(2006)は「高齢者の孤独死は病気も原因であるが、それよりも食事がしっかり食べられなくなり、痩せて脱水症状になり、入院治療を受け、少し良くなったら退院する。それを繰り返しながら徐々に身体が弱り、孤独死する」と指摘している。

---

2 詳細は日本法医学会の「異状死ガイドライン」を参照されたい。
3 監察医制度は、1947(昭和22)年に東京23区、横浜市、名古屋市、京都市、大阪市、神戸市、福岡市の7都市で始まったが、1985(昭和60)年に京都市と福岡市で廃止され、2015(平成27)年に横浜市で廃止された(上野、2018)。

つまり、孤独死した高齢者には低栄養状態の人が多いと推測できる。上記のような実態も踏まえてか、2011年3月に内閣府が策定した「第2次食育推進基本計画」では、「高齢者に対する食育推進」が謳われている。そのため、高齢者の孤独死を予防するための1つの方法として、栄養価の高い食事をしっかり摂取することがあげられる。

また、遺品整理業者は遺品整理などの業務を通して、孤独死件数が増加傾向にあることを肌で感じているだろう。そして10年ほど前から、遺品整理業者も孤独死の実態を社会に発信し続けている（吉田、2006；横尾、2016）。さらに、孤独死の増加に伴って遺品整理業者も増加し、今日では遺品整理士認定協会や日本遺品整理協会が設立されるまでに至っている。

以下では、各機関による孤立死・孤独死の実態調査の結果を紹介する。

(1) 東京都監察医務院による孤独死集計

東京都には東京都監察医務院があり、東京都23区で発生した異状死の死因究明を担当している。同監察医務院は毎年、「事業概要」として監察医が行った検案件数を公表している。

それによると、「自宅で死亡した65歳以上の一人暮らし高齢者の検案件数」は、2000年から2015年までの16年間で約2.5倍に増加している（図1）。今後ますますひとり暮らし高齢者が増加するので、同検案件数も増加することが

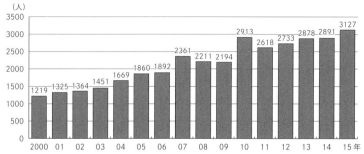

図1　東京23区内におけるひとり暮らしで65歳以上の人の自宅での死亡者数
（出所）東京都監察医務院「事業概要」（各年版）のデータをもとに筆者が作成

推測できる。

　異状死と孤独死の定義は厳密には異なるが、東京都監察医務院は異状死を孤独死と操作的定義をして、東京都23区における孤独死の統計的な実態を以下の通り整理した（金涌、2010）。

①東京都23区では毎日10名程度が孤独死している。
②孤独死しやすい年齢は、男性で50歳代前半以降、女性で60歳代後半以降である。男女ともに孤独死発生率は年齢が上がるとともに上昇する。そして、男性のほうが女性に比べて孤独死発生率が高い。
③孤独死発生率は、1990年から2005年までの間で特に増加していない。孤独死の発生件数は年々増加しているが、これは区部のひとり暮らしの人が年々増加している分、孤独死の発生件数が伸びているだけである。
④孤独死した人は、平均男性で死後12日、女性で死後6日で発見される。男女ともに死後発見されるまでの日数が延びている。
⑤孤独死の発生件数、発生率、孤独死しやすい年齢、死後発見日数に男女差がある。そして、完全失業率や生活保護受給率が高い区や、平均所得が低い区ほど、男性の孤独死発生率が高い。

(2) 都市再生機構による孤独死集計

　都市再生機構（UR都市機構）は、全国に約74万戸の賃貸住宅を管理している。同機構の孤独死の定義は、誰にも看取られずに死亡した単身者に限定し、自殺や他殺の場合を除外している。

　そして同機構は2011年10月に、それまでの孤独死の定義に「相当期間（1週間）を超えて発見されなかった事故」と、死後から発見までの期間を要件に加えた定義に見直した。同機構はこの1週間の根拠を、「家族で連絡を取ったり、クラブ活動に参加する基本サイクルがおおむね1週間と考えられる」（『東京新聞』2011年12月28日付朝刊）と説明している。

　同機構が管理している賃貸住宅における孤独死の発生件数は、1999年から2009年までの間に約3.2倍になっている。そのうち、65歳以上の孤独死発生件数は約5倍にもなっている。

しかし定義を見直したことにより、孤独死の発生件数は大幅に減少した。2009年の孤独死の発生件数は、旧定義では665件（65歳以上の者は472件）であったが、新定義で再集計すると169件（同112件）に激減した（図2）。

2010年以降は新定義のみで集計され、2010年から2015年までの6年間の孤独死の発生件数は、大幅な増減が見られずほぼ一定している（図3）。旧定義では孤独死の発生件数が急増していたが、新定義に見直すことで孤独死の発生件数が大幅に減少した上、孤独死の発生件数も若干の増減があるのみである。

孤独死の定義に「1週間を超えて発見されなかった事故」を要件に加えることで、孤独死問題に関しては、実際何も変わっていないにもかかわらず、孤独死予防対策が前進したかのような誤解を招き、社会問題となってきた孤独死問題が再び水面下に隠れる可能性がある。

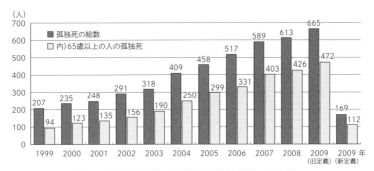

図2　都市再生機構の孤独死発生件数（旧定義）

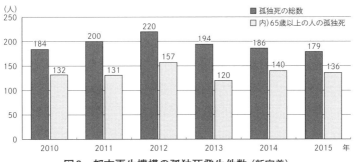

図3　都市再生機構の孤独死発生件数（新定義）

(3) ニッセイ基礎研究所による孤立死の全国推計

　ニッセイ基礎研究所は、岸恵美子を委員長として、「セルフ・ネグレクトと孤立死に関する実態把握と地域支援のあり方に関する調査研究会」を立ち上げ、高齢者の孤立死に関する全国推計を算出した。
　算出方法は、東京都監察医務院が公表した2009年時点の「東京都23区における孤独死の発生数」と、2010年版の厚生労働省「人口動態統計」を用いて、「東京都23区における性・年齢階級別の高齢者孤立死の発生確率」を算出し、これを全国市区町村の性・年齢階級別死亡数にあてはめ、得られた各市区町村の高齢者の孤立死数をすべて合算するものである。
　同研究所は、生前の孤立状態に焦点をあて、その状態を表す代理変数として死亡から発見までの経過期間に着目した。そして、死後発見までに一定の期間経過している人々を把握しようとした。
　その一定期間については、法医学的にも社会経済的にも「死後2日以上」が1つの基準とされる。その一方、日頃から見守りをしている家族がたまたま2日間不在にして発見が遅れる可能性もある。これでは、必ずしも生前に孤立状態にあったとはいえないケースも「孤立死」に該当する可能性が高い。
　そこで同研究所は、死後の経過期間が「2日以上」「4日以上」「8日以上」という3段階の幅を用いて「孤立死」を操作的に定義し、先の算出方法で全

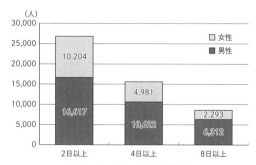

図4　孤立死の全国推計

（出所）ニッセイ基礎研究所「セルフ・ネグレクトと孤立死に関する実態調査と地域支援のあり方に関する調査研究報告書」より作成

国推計を行った。

　その結果、全国で年間15,603名（男性10,622名、女性4,981名）の高齢者が、死後4日以上を経て発見されていることが明らかになった。1日あたり43名が孤立死していることになる。また「死後2日以上」では26,821名（男性16,617名、女性10,204名）、「死後8日以上」では8,605名（男性6,312名、女性2,293名）となった（図4）。

　そして岸恵美子は、孤立死に至った事例の約8割が、生前にセルフ・ネグレクト状態だったことを明らかにした（ニッセイ基礎研究所、2011）。

(4) 日本少額短期保険協会による孤独死集計

　昨今の終活ブームにより、孤独死に備えて生前から遺品整理などを業者と契約している人もいる。その一方で、身寄りのない人が遺品整理などの準備をまったく行わずに孤独死した場合、賃貸住宅の家主には遺品整理などの費用負担が重くのしかかってくる。

　そこで、少額短期保険業界が初めて「孤独死保険」を開発した。孤独死保険とは、「居室内での孤独死発生の場合、原状回復費用、残置物処理費用等を補償する保険」である。このような商品が成立するほど、わが国には孤独死が多いといえる。

　日本少額短期保険協会による孤独死の定義は、「自宅内で死亡した事実が死後判明に至った1人暮らしの人」としている。そして同協会は、協会内に「孤独死対策委員会」を設置し、協会加盟各社の孤独死保険の支払い実績を集計して公表している。

　その集計結果によると、2015年4月から2017年1月までの孤独死人数は1,095名（男性889名・女性206名）であった（日本少額短期保険協会、2017）。圧倒的に男性の孤独死が多いことがわかる。

　死亡時の平均年齢は、男性60.4歳、女性59.7歳であった（表1）。高齢者の孤独死よりも60歳前後の人が孤独死していることがわかる。死因別人数では「病死」が646名（59.0％）、「自殺」が144名（13.2％）であった（表2）。特に自殺の割合は、厚生労働省「2014年人口動態統計（確定）の概況」による

第1部　日本における高齢者の社会的孤立問題

表1　男女別孤独死人数と死亡時の平均年齢

項目	男性	女性	合計
人数	889名	206名	1,095名
割合（％）	81.2%	18.8%	
死亡時の平均年齢	60.4歳	59.7歳	60.3歳

（出所）日本少額短期保険協会「第2回孤独死現状レポート」

表2　死因別人数と男女別死因の構成割合

死因	病死	自殺	事故死	不明
人数	646名	144名	19名	286名
割合	59.0%	13.2%	1.7%	26.1%

（出所）日本少額短期保険協会「第2回孤独死現状レポート」

わが国の死亡総数に占める自殺割合1.9%の約7倍と、非常に高率であった。

3. 孤立死問題とは何か

(1) これが孤立死の問題なのか

　いまやわが国で、孤独死に関する課題は無視できない状況になっている。そこで厚生労働省は、「孤独死」ではなく「孤立死」という言葉を使用して2007年度、「孤立死防止推進事業（孤立死ゼロ・プロジェクト）」を実施した。この事業は、地域から孤立した高齢者や単身高齢者の死亡（孤立死）が都市部を中心に増加しているため、これらを防止する観点から、国・地方自治体などが主体となって総合的な取り組みを推進することを目的としている。

　同省がいう孤立死とは、「社会から『孤立』した結果、死後、長時間放置される」ような死である。また、この定義には「一人暮らしでなくても高齢者夫婦のみの世帯や、要介護の高齢者（親）と中年の独身男性（子）の世帯など、社会的に孤立した状態の人々をも対象に含める」[4]としている。この点、同省は孤立死について広く解釈している。

4　NHKスペシャル取材班・佐々木とく子による厚生労働省への取材で明らかにされた(NHKスペシャル取材班・佐々木とく子、2007)。

また厚生労働省は、「高齢者等が一人でも安心して暮らせるコミュニティづくり推進会議（「孤立死」ゼロを目指して）」を立ち上げた。この推進会議は2007年8月28日に初会合し、計4回の会議が開催された。そして、2008年3月に「高齢者等が一人でも安心して暮らせるコミュニティづくり推進会議（「孤立死」ゼロを目指して）―報告書―」が作成された。
　この報告書のなかで「社会問題としての孤立死」として、①支援を望まない単身者の増加、②孤立死が発生すると行政の責任が問われる――しかし行政では限界がある、③無視できない「孤立死」の社会的コストの増大（後始末、地域に波風が立つ、マンションなどの資産価値に影響）があげられている。
　しかし、これが「社会問題としての孤立死」の問題なのかは疑問である。

(2) 生前の社会的孤立が問題

　今日、孤立死・孤独死研究に関してさまざまな視点から意見や指摘がある。
　結城康博（2014）は、孤独死で亡くなってしまう人に目を向けるというよりは、「大きな社会的コストや公衆衛生上の問題を生じるという理由で、孤独死は予防しなくてはいけない」と指摘している。
　そして、遺体が死後2〜3日以内に発見されるなら、孤独死に対する負のイメージは打ち消されるから、たとえ多くの人が孤独死で亡くなることは防げなくても、その遺体が遅くとも死後2〜3日以内に発見されるような社会にしていくことが重要だ、としている。
　都留民子は「孤独死」ではなく「貧困死」という言葉を使用している。その理由として、孤独死では問題の核心がそらされ、孤立を防ぐ地域的なネットワークなどの地域関係・地域共同体の問題にまとめられる可能性があるから、と説明している。
　無縁の原因は貧困にある点が重要である。そして、死に至らしめたのは貧困であり、貧困のなかで経済的に逼迫して医療も受けられず、食事も満足に取ることができず、本来ならばもっと生命・人生が長らえる人々が死亡したことを強調すべきだ、としている（都留・唐鎌、2015）。
　マスコミ等が取り上げる孤立死・孤独死に関する内容や、各種機関が調査

研究した孤立死・孤独死の実態では、死後発見されるまでの日数に着目されることが多い。しかし先述の通り、わが国で死因究明を行う監察医制度がある地域は限られている。岩瀬博太郎は、死体の解剖率に都道府県格差がある上、そもそも解剖率が低いことを指摘している（岩瀬・柳原、2007）。

　元東京都監察医務院長である上野正彦（2010）は死亡日について、監察医は死体所見そのもの、腐敗の程度から推定すべきなのが本来であるが、実際は死者が生前にスーパーで買い物をした領収書の日付など生前の痕跡を参考に推定している、と指摘している。また、法医学はその人の死亡日時を遡って正確に言い当てることができない、とも上野は指摘している。

　つまり、発見時の死後経過の期間については曖昧さが残る。都市再生機構は孤独死の定義に「1週間を超えて発見されなかった事故」を要件として加えたが、この曖昧さを考慮すると、そもそも1週間とする鑑定が不正確である可能性もあるといえる。

　確かに、死後数か月たって発見されたと聞くと、「地域とのつながりがなかったのだろうか」「隣近所の人たちは誰も気づいてあげられなかったのだろうか」と思う。

　しかし、孤立死問題の本質はひとりで死ぬことではない。また、死亡してから発見されるまでの日数でもない。社会的孤立した果ての死こそが問題である。つまり、孤立死する以前の生活状況がどのようなものであったのかが問題である。

　スーザン・バーレイ（S. Varley, 1986）が著した絵本『わすれられないおくりもの』は、死の捉え方を分かりやすく教えている。

　この絵本のストーリーは、周囲から慕われていたアナグマが最期を知り、「長いトンネルのむこうに行くよ」と書き残して亡くなる。仲よしの動物たちは当初こそ悲しんだが、アナグマが残していった思い出を一つひとつ思い起こし、悲しみを乗り越えていく。

　アマグマの死の形態だけを捉えれば、孤独死である。しかし、この絵本はアナグマの死を孤独死という問題にせず、生前の豊かな人間関係のなかで生をまっとうできたことが描かれている。このストーリーからわかるように、決して死の形態だけに捉われてはいけない。

おわりに

　孤立死研究は「死」に注目するのではなく、「生」に注目し、いま住んでいる地域で暮らし続けるために、その地域に何が必要かを探求することが研究目的である。そして孤立死の実態から、今後の地域のあり方を検討することこそ必要である。

　また、孤立死した人がそのような死に方を望んだのではなく、社会から孤立した果てに至った死であるなら、それらを社会問題として捉え、人権・生存権保障の視点から援助していく必要がある。

（新井康友）

文献

- 新井康友、2014、「孤独死の定義に関する一考察」『社会福祉科学研究』3：109-17
- 新井康友、2016、「東海地区における高齢者の孤立死事例に関する一考察」『地域ケアリング』北隆館、18（4）：70-6
- 原田寛子、1995、「徳島県における過去18年間の老人自殺死および孤独死の統計的考察」『四国大学紀要』3：135-53
- 岩瀬博太郎・柳原三佳、2007、『焼かれる前に語れ　司法解剖医が聴いた、哀しき「遺体の声」』WAVE出版
- 金涌佳雅・阿部伸幸・谷藤隆信・野崎一郎・森晋二郎・福永龍繁、2010、「東京都23区における孤独死の実態」東京都監察医務院
- 岸恵美子、2012、『ルポ　ゴミ屋敷に棲む人々——孤立死を呼ぶ「セルフ・ネグレクト」の実態』幻冬舎
- 熊谷修・渡辺修一郎・柴田博・天野秀紀・藤原佳典・新開省二・吉田英世・鈴木隆雄・湯川晴美・安村誠司・芳賀博、2003、「地域在宅高齢者における食品摂取の多様性と高次生活機能低下の関連」『日本公衆衛生雑誌』50（12）：1117-24
- 黒木尚長、2006、「急増する独居高齢者の異状死——その実態と背景をさぐる」『福祉のひろば』大阪福祉事業財団、71（436）：30-5
- 中沢卓実・結城康博編、2012、『孤独死を防ぐ——支援の実際と政策の動向』ミネルヴァ書房
- 日本少額短期保険協会、2017、「第2回孤独死現状レポート」日本少額短期保険協会
- NHKスペシャル取材班・佐々木とく子、2007、『ひとり誰にも看取られず——激増する孤独死とその防止策』CCCメディアハウス

- ニッセイ基礎研究所、2011、「セルフ・ネグレクトと孤立死に関する実態把握と地域支援のあり方に関する調査研究報告書」ニッセイ基礎研究所
- 大松健太郎、2012、「救急現場からみた在宅・地域ケアの課題──3次救急は在宅療養高齢者を看取る場所ではない」『訪問看護と介護』17(2)：136-41
- 反町吉秀・安原正博・吉本寛司・渡邊能行、1998、「死後長期間を経過して発見された大都市部における単身生活者の自宅死亡例について──監察医によるいわゆる『孤独死』検案例の検討」『日本公衆衛生雑誌』45(10)：345
- Susan Varley, 1984, Badger's Parting Gifts: Harper（＝1986、小川仁央訳『わすれられないおくりもの』評論社）
- 都留民子・唐鎌直義、2015、『日本の社会保障、やはりこの道でしょ！』日本機関紙出版センター
- 上野易弘・西村明儒・浅野水辺・主田英之・足立順子・矢田加奈子・龍野嘉紹、1998、「震災死と孤独死の死因分析とその法医学的検討」『神戸大学都市安全研究センター特別研究報告』2、27-34
- 上野正彦、2010、『監察医が書いた死体の教科書』朝日新聞出版：15
- 上野正彦、2018、『法医学事件簿──死体はすべて知っている』中央公論新社：21
- 横尾将臣、2016、『遺品整理から見える高齢者社会の真実』ギャラクシーブックス
- 吉田太一、2006、『遺品整理屋は見た！』扶桑社
- 吉田亨、2008、「最近の死体検案の増加について」『日本臨床内科医会会報』23(4)：440
- 結城康博、2014、『孤独死のリアル』講談社
- 全国社会福祉協議会・全国民生児童委員協議会、1974、「孤独死老人追跡調査報告書」全国社会福祉協議会・全国民生児童委員協議会

第6章

日本における
高齢者の孤立防止、見守り活動

はじめに

　今日、国内で高齢者の見守り活動の取り組みをしていない地域はないだろう。その背景には全国各地で起きている高齢者の孤立死の実態がある。

　自分たちが住んでいる地域で孤立死が起きると、孤立死を予防するための方法について話し合われるだろう。しかし、孤立死しそうな人へ介入することは容易ではない。そもそも孤立死しそうな人を事前に発見・把握することが難しいだろう。

　そこで、孤立死を予防するためにも、孤立死に至る前段である地域や社会からの孤立を予防することが重要である。孤立死した人は、地域や社会から孤立した結果、孤立死に至っている。つまり社会的孤立した果てに孤立死しているといえる。

　したがって、孤立死の前段である社会的孤立の予防にこそ取り組むべきである（新井、2013：34-5）。結果として、それが孤立死の予防につながると考える。

　本章では、国が把握している高齢者の孤独や孤立の実態や、国が取り組んでいる対策について述べる。そして高齢者の社会的孤立を防止する見守り活動について紹介する。

1. 国による社会的孤立・孤立死対策の取り組み

(1) 各省庁における孤独や孤立に関する調査報告

　国は、社会的孤立や孤立死の全体像を把握するまでに至っていないが、さまざまな調査によって、国民が孤独や孤立している実態を把握している。ここでは国が直接調査を行った結果、もしくは国に委託された機関が行った調査結果の一部を紹介する（表1）。

　内閣府「平成14年度　一人暮らし高齢者に関する意識調査の概要」（2003年7月）によると、心配ごとを「相談したりする人がいない」と回答した人が8.0％で1割未満であった。また、緊急時の連絡先が「誰もいない」と回答した人は1.3％であった。心配ごとの相談相手や緊急時の連絡先が「誰もいない」と回答した人は少ないが、孤立している人がいることは確認された。

　内閣府「平成17年度　世帯類型に応じた高齢者の生活実態等に関する意識調査」（2006年11月）によると、ひとり暮らしの高齢男性は、夫婦のみ世帯などの他の高齢世帯に比べて町内会や老人クラブなどの地域活動に参加していなかったり、相談相手がいなかったりする割合が高く、地域で孤立していることが明らかになった。

　国立社会保障・人口問題研究所「生活と支え合いに関する調査」（2018年8月）では、子どものいないひとり暮らしの高齢男性のうち「日頃のちょっとした手助け」で頼れる人が「いない」と回答した人は30.3％で、ひとり暮らしの高齢女性（9.1％）よりも高い結果であった。

　内閣府「平成21年度　高齢者の地域におけるライフスタイルに関する調査」（2010年4月）では、全国の60歳以上の男女を対象に「孤独死（誰にも看取られることなく、亡くなったあとに発見される死）は、身近な問題だと感じるか」について調査をした。その結果、高齢者全体では42.9％、高齢夫婦では44.3％、単身高齢者では64.7％の人が、それぞれ「感じる」と回答している。

　さらにこれは、東京都区部や政令指定都市などの大都市、および人口10

第6章　日本における高齢者の孤立防止、見守り活動

表1　国による孤独や孤立に関する報告書一覧

	省庁	発行年月	報告書名
1	厚生省	2000年12月	「『社会的な援護を要する人々に対する社会福祉のあり方に関する検討会』報告書」
2	内閣府	2003年7月	「平成14年度　一人暮らし高齢者に関する意識調査の概要」
3	内閣府	2006年11月	「平成17年度　世帯類型に応じた高齢者の生活実態等に関する意識調査結果」
4	厚生労働省	2008年3月	「高齢者等が一人でも安心して暮らせるコミュニティづくり推進会議（「孤立死」ゼロを目指して）―報告書―」
5	神戸市	2008年3月	「超・高齢社会先取地"こうべ"の地域見守り活動～震災経験から生まれた『孤独死防止』への取り組み～」[1]
6	厚生労働省	2008年6月	「地域における『新たな支え合い』を求めて―住民と行政の協働による新しい福祉―」
7	内閣府	2009年12月	「高齢者の生活実態に関する調査」
8	内閣府	2010年4月	「平成21年度　高齢者の地域におけるライフスタイルに関する調査結果」
9	内閣府	2011年3月	「セルフネグレクト状態にある高齢者に関する調査―幸福度の視点から　報告書」
10	ニッセイ基礎研究所	2011年3月	「セルフ・ネグレクトと孤立死に関する実態把握と地域支援のあり方に関する調査研究報告書」[2]
11	国際医療福祉大学	2011年3月	「地域包括支援センターの機能強化および業務の検証並びに改善に関する調査研究事業報告書」[3]
12	神奈川県	2011年3月	「孤独死防止対策等調査事業報告書～孤独死ゼロをめざして～」[4]
13	内閣府	2011年6月	「被災者の孤立死を防止するための有識者会議」
14	内閣府	2011年8月	「社会的包摂政策に関する緊急政策提言」
15	東京市町村自治調査会	2012年3月	「高齢者の社会的孤立の防止に関する調査報告書」
16	厚生労働省	2012年8月	「安心生活創造事業成果報告書」
17	全国コミュニティライフサポートセンター	2013年3月	「集合住宅団地の支え合いのすすめ　地域を育む13の実践」[5]
18	総務省	2013年4月	「高齢者の社会的孤立の防止対策等に関する行政評価・監視〈結果に基づく勧告〉」
19	野村総合研究所	2013年4月	「『孤独死』の実態把握のあり方に関する調査研究事業」[6]
20	全国介護者支援協議会	2013年5月	「都内の大規模集合住宅団地における孤立死の取り組みに関する調査研究事業」[7]
21	国立社会保障・人口問題研究所	2013年7月	「生活と支え合いに関する調査」
22	総務省	2014年3月	「今後の都市部におけるコミュニティのあり方に関する研究会報告書」
23	総務省	2015年2月	「『高齢者の社会的孤立の防止対策等に関する行政評価・監視』の勧告に対するその後の改善措置状況」
24	内閣府	2015年3月	「平成26年度　一人暮らし高齢者に関する意識調査」
25	あい権利擁護支援ネット	2015年3月	「『セルフ・ネグレクトや消費者被害等の犯罪被害と認知症との関連に関する調査研究事業』報告書」[8]
26	三菱総合研究所	2015年3月	「平成26年度の地域包括支援センターにおける業務実態に関する調査研究事業報告書」[9]
27	国立社会保障・人口問題研究所	2018年8月	「生活と支え合いに関する調査」

1) 厚生労働省「平成19年度孤独死ゼロ・モデル事業」
2) 厚生労働省「平成22年度老人保健健康増進等事業」
3) 厚生労働省「平成22年度老人保健健康増進等事業」
4) 厚生労働省「平成22年度老人保健事業推進費等補助金」
5) 厚生労働省「平成24年度厚生労働省社会福祉推進事業」
6) 厚生労働省「平成24年度セーフティネット支援対策等事業費補助金（社会福祉推進事業分）」
7) 厚生労働省「平成24年度セーフティネット支援対策等事業費補助金（社会福祉推進事業分）」
8) 厚生労働省「平成26年度老人保健事業推進費等補助金」
9) 厚生労働省「平成26年度老人保健健康増進等事業」

万人以上の中都市では45％を超えている一方で、10万人未満の小都市や町村では30％台にとどまり、都市部の人ほど孤独死が身近な問題だと感じていることが明らかになった。

その5年後、内閣府「平成26年度　一人暮らし高齢者に関する意識調査」（2015年3月）でも孤独死（前掲定義）について身近に感じるかを聞いたところ、「感じる」とする人の割合が44.5％（「とても感じる」14.5％と「まあ感じる」30.1％の合計）で、「感じない」とする人の割合が52.1％（「あまり感じない」30.9％と「まったく感じない」21.1％の合計）となっており、約4割が身近に感じるとの結果であった。

そして、孤独死を身近に感じると回答した人の分析から、会話の頻度が少なくなると、孤独死を身近に感じる人が多くなる傾向があることが明らかになった。

国立社会保障・人口問題研究所「生活と支え合いに関する調査」（2013年7月）でも、ひとり暮らしの65歳以上の男性は普段の会話頻度（電話での会話を含む）が少なく、社会的孤立が心配される。65歳未満・65歳以上ともに、所得が低いほど毎日会話をする人の割合は低くなっている。

そして、内閣府「高齢者の生活実態に関する調査」（2009年12月）では、「単身者」「未婚者・離別者」「暮らし向きが苦しい者」「健康状態が良くない者」が、社会的孤立に陥りやすい高齢者だと指摘している。

第5章でも述べたニッセイ基礎研究所「セルフ・ネグレクトと孤立死に関する実態把握と地域支援のあり方に関する調査研究報告書」（2011年3月）では、2009年に死後4日以上を経て発見された高齢者を、全国で年間15,603名（男性10,622名、女性4,981名）と推計した。

また、内閣府「セルフネグレクト状態にある高齢者に関する調査—幸福度の視点から　報告書」（2011年3月）では、2009年度にセルフ・ネグレクト状態かその疑いのある高齢者を把握した人数について全国の地域包括支援センターと民生委員に調査し、全国で9,381名〜12,190名（平均値10,785名）と推計した。

これまでセルフ・ネグレクトや孤立死に関する全国規模の実態調査が行われていないので、これらは貴重な調査結果だといえる。

(2) 国における社会的孤立・孤立死対策

　国も社会的孤立や孤立死の問題を無視することができず、各省庁が対策に乗り出した。

　厚生労働省は「高齢者等が一人でも安心して暮らせるコミュニティづくり推進会議」を立ち上げ、2008年3月に報告書を作成した。4回の会議のなかで、千葉県松戸市の常盤平団地で実践されている「まつど孤独死予防センター」の取り組みなどが紹介され情報は共有されたが、孤立死対策として具体的な対策は打ち出されなかった。

　厚生労働省「安心生活創造事業」は、悲惨な孤立死、虐待などを1例も発生させない地域づくりをめざした事業である。2011年6月に開催された内閣府「被災者の孤立死を防止するための有識者会議」において、厚生労働省は「安心生活創造事業」の取り組みから「孤立を防ぐためのポイント」として、①支援が必要な人の把握、②訪問型個別支援による安否確認、③ひきこもりを防止するための住民交流の場や居場所の確保と地域での役割の創出、④適切な支援の実施や新たな支援手法を実施するための関係者間の情報交換・検討体制、と報告した。

　2012年に入って全国各地で起きた孤立死がマスコミなどで取り上げられた[1]。この頃の孤立死の特徴は、ひとり暮らし高齢者ではなく、高齢夫婦世帯、障害者や子どもとの同居世帯や生活困窮の課題を抱えていた同居世帯で起きたことであった（新井、2013：23-4）。

　このような状況を受けて、厚生労働省は2012年2月以降に各省庁から「情報の一元化、関係団体との連携強化、地域づくりの推進等」について個別に出した通知をまとめ、2012年5月11日に都道府県などへ「孤立死の防止対策について都道府県などに通知」を発出した。

---

[1] 全国で起きた孤立死がマスコミ等で取り上げられるようになったきっかけは、2012年1月に札幌市白石区のマンションで姉妹が孤立死したことである。姉（42歳）は病死し、知的障害のある妹（42歳）は凍死した。姉は福祉事務所に3回も生活保護の相談に行っていたが、申請できずに孤立死したことがマスコミ等で取り上げられた（全国「餓死」「孤立死」問題調査団、2012）。

また、2012年9月に閣議決定された「新・高齢社会対策大綱」（内閣府）において、高齢者の孤立化を防止する取り組みを推進していく旨が明記された。

　そして、総務省「高齢者の社会的孤立の防止対策等に関する行政評価・監視〈結果に基づく勧告〉」（2013年4月）には、各種の地域福祉活動を支援するため、特に高齢者の社会的孤立の防止対策について、その普及・拡大を図ることなどを目的にした国庫補助事業がある、と記されている。

　その高齢者の社会的孤立防止に関する国庫補助事業には、①安心生活創造事業、②24時間対応の定期巡回・随時対応サービス事業等（24時間対応の定期巡回・随時対応サービス事業、地域包括支援センター等機能強化事業）、③日常生活自立支援事業、④ICTふるさと元気事業、⑤地域商業活性化補助事業、⑥「新たな公」によるコミュニティ創生支援モデル事業がある。

　同じ勧告で総務省は、「国や地方公共団体が、これら孤立死について事例を把握し、行政として、これを防ぐ手立てはなかったのか、どのような対策をとるべきであったのか、今後どのような対応を強化・推進する必要があるのかを検証し、社会的孤立の防止対策にいかしていくことが重要となる」と指摘している。

　さらに総務省は、内閣府、厚生労働省、経済産業省、消防庁（総務省）に対し、社会的に孤立した高齢者等の実態を把握するように勧告した。

　その後の総務省「『高齢者の社会的孤立の防止対策等に関する行政評価・監視』の勧告に対する改善措置状況」（2013年12月）では、勧告に対して各省庁が講じた改善措置について、今後は都道府県や市町村による社会的孤立の防止対策に波及するよう期待した。

　そして、総務省「『高齢者の社会的孤立の防止対策等に関する行政評価・監視』の勧告に対するその後の改善措置状況」（2015年2月）では、2013年度において、配食サービスと連携して単身高齢世帯の状況把握に努めている事例、地域包括支援センターや民生委員が把握した情報を集約して台帳管理を行っている事例など、事業の実施にあたって対象者のニーズ把握を行っている例が見られた、としている。

(3) 厚生労働省による「安心生活創造事業」

　厚生労働省による「安心生活創造事業」は、2009年度から2011年度までの3年間、全国58か所の市町村でモデル事業として実施された。

　この事業は、既存の公的サービスの対象とならない状態の人であっても、ひとり暮らしなどで日常的な家族のサポートが得られない世帯などが地域で安心して暮らせるよう、「見守り」と「買い物支援」を生活維持の最低限の支援である「基盤支援」と位置づけて取り組みが行われた。同事業は、数少ない国による社会的孤立予防の取り組みの1つだといえる。

　同省はこの3年間の「安心生活創造事業」の成果や課題とともに、今後の地域福祉活動の方向性を示すものとして「安心生活創造事業成果報告書」(2012年8月) をとりまとめた。

　同報告書では「今後重要と考えられる取組み」が、①社会的孤立を防ぐための官民問わない多様な主体との連携・協働、②総合的な相談支援体制の確立、③地域福祉計画の策定、④契約支援・権利擁護の必要性、⑤要援護者も社会参加・自己実現できる仕組み、という5点にまとめられた。

　「安心生活創造事業」は2012年度も延長され、2013年度は「安心生活基盤構築事業」として実施された。

　この事業は、住民参加による地域づくりを通じて、地域住民の社会的孤立を防ぎ、誰もが社会との「絆」を感じながら安心して生活できる基盤を構築していくため、「安心生活創造事業」の基本理念 (抜け漏れない把握、漏れのない支援、自主財源の確保) を引き継ぐとともに、その成果・課題を踏まえ、分野横断的な相談支援体制の構築や権利擁護の推進等を実施する総合的な取り組みへと拡充するものであった。

　2014年度も「安心生活基盤構築事業」が継続されたが、2015年度からは、生活困窮者自立支援法の「地域における生活困窮者支援等のための共助の基盤づくり事業」に再編された (厚生労働省、2015)。

2. 高齢者の見守り活動

(1) 厚生労働省による見守り活動の類型

　厚生労働省は全国の自治体へ「孤立死の防止対策等の取り組み事例の照会について（依頼）」（2013年3月21日付）を発出し、全国の先進的・先駆的だと思われる279事例を「孤立死防止対策取組事例の概要」としてまとめた。

　見守りの実施主体は、①協力員活用型、②事業者等との協定締結型、③ネットワーク構築型の3つに類型化された。それぞれの事例は次のように紹介されている。

　①**協力員活用型**：岩手県奥州市では、おおむね50世帯に1人の割合で「ご近所福祉スタッフ」（ボランティア）を配置し、同じ地域に住む人たちで見守り支え合う地域づくりに取り組んでいる。また広島県福山市では、地域包括支援センターや介護保険事業所などで就労経験がある人がインストラクターとなり、地域住民を「見守り支援員」として育成し、地域の見守りを推進する役割を担っている。

　②**事業者等との協定締結型**：事業者（新聞、ガス、電気、水道、生協など）等と協定を締結し、事業者の事業活動を通じて、異変があった場合などの連絡、支援体制を確保している事例がある。

　③**ネットワーク構築型**：秋田県藤里町では「在宅（ネットワーク）活動連絡協議会」を開催し、活動の状況を確認して今後の課題や方向性について意見交換を行っている。また栃木県では、自治体、民生委員、警察、民間事業者、県民による「とちまる見守りネット」を構築し、すべての県民を地域全体で見守る体制を構築している。

(2) 社会的孤立予防（未然防止）への取り組み

　社会的孤立予防対策として、全国各地でさまざまな活動が取り組まれてい

る。その活動の規模は大小さまざまである。また、さまざまな実施機関・組織によって活動は実施されている。そのため全国の社会的孤立予防対策を網羅することは容易ではない。

そこでここでは、先進的・先駆的な見守り活動を、実施主体別に①住民、②民間事業者、③自治体の3つに類型化して紹介する。

1）住民による見守り活動

①まつど孤独死予防センターによる「孤独死ゼロ作戦」

千葉県松戸市の常盤平団地にあるまつど孤独死予防センターは、孤立死予防の取り組みで最も有名で先進的な取り組みをしている（中沢・結城、2012）。

同センターは2004年7月3日に常盤平団地自治会と常盤平団地地区社会福祉協議会、民生委員が協力して立ち上げ、「孤独死ゼロ作戦」（「孤独死110番」の設置、あんしん登録カードの作成、新聞販売店との協定など）の拠点となった。

また2007年4月15日、団地内にある商店街の空き店舗に「いきいきサロン」（年間360日営業）を開設した。サロンは、誰もが気軽にお茶を飲める場で、そこで仲間をつくってもらうことが目的であった。

2010年4月にはNPO法人孤独死ゼロ研究会を設立。同研究会は「孤独死ゼロ作戦」の普及、講師派遣、研修会などの実施事業、孤独死の社会的な背景などの研究事業、孤独死に関する調査・研究事業などを行っている。

②「ガレージ店舗さくら」による見守り活動

岐阜市にある三田洞団地では、住民の高齢化が進み、団地内にあった商店街は衰退してスーパーなども撤退した。そのため、自動車を運転できない高齢者は買い物難民となった。

そこで、同じ団地に住む主婦4名が2003年9月に「ガレージ店舗さくら」を立ち上げ、毎週木曜日に営業するようになった。

開業当初の目的は、買い物難民支援であった。しかし年がたつにつれ、買い物難民支援だけでなく、サロンの役割を果たすようになった。多くの高齢者にとって同店は食料品などの調達ばかりではなく、スタッフとの会話や客同士の交流の場になった。さらに、買い物に来られない高齢者に食料品など

を配達し、来店しない高齢者には電話連絡をしている。これらは、高齢者の見守り活動や安否確認になっている。

こうして「ガレージ店舗さくら」は今日、買い物支援の役割だけでなく、高齢者の社会的孤立の予防活動になっている（新井、2015）。

2）民間事業者による見守り活動

地域には、水道・電気・ガス会社、銀行・郵便局、牛乳・新聞販売店など、高齢者の見守り活動を行い得る民間事業者が多数存在している。これらの民間事業者は見守り活動を単独事業として行うのではなく、本来の事業と見守り活動を一体とした形で取り組むことができるところが特徴である。

いま全国各地で、高齢者宅を頻回に訪問する、もしくは高齢者と接する頻度の高い民間事業者と、高齢者の見守り協定を結ぶ自治体が増加している。

①郵便局による「みまもり訪問サービス」

郵便局は、2017年10月より「みまもり訪問サービス」と「みまもりでんわサービス」を開始した。

「みまもり訪問サービス」は、月額2,500円で月1回、郵便局社員などが利用者宅へ直接訪問し、生活状況を確認するサービスである。確認した利用者の生活状況は、家族など指定された報告先へ連絡されるシステムである。

「みまもりでんわサービス」は、月額980円（固定電話）で利用者に毎日電話（自動音声）で体調確認を行うサービスである。その回答内容は、すぐに家族など指定された報告先へメールで連絡されるシステムである。

「みまもり訪問サービス」は、「ふるさと納税（ふるさと寄附金）」の返礼品として導入する自治体が増加している。ひとり暮らし高齢者が増加している今日、遠方に住む親族にとって、これら見守りサービスのニーズは今後もますます増加していくといえる。

②生協による「地域見守り協定」

生活協同組合（生協）は2017年9月時点で、全市区町村（1,741か所）の58.7％にあたる1,022市区町村と「地域見守り協定」を締結している。

生協の宅配事業は、毎週同じ曜日の同じ時刻に同じ担当者が商品を届けており、高齢の組合員と接する機会が多い。そこで、生協職員が商品を届けた際、「ポストに郵便物がたまっている」「届けた商品に手がつけられていない」など異変を感じたときは、事前に取り決めた連絡先に連絡・通報することになっている（日本生活協同組合連合会「CO・OP News Release」2017年10月12日）。

宅配事業の生協職員はトラックで地域を走り回っているので、組合員の見守りだけでなく、地域住民の異変を察知しやすい立場にいる。そのため、全国の市町村と生協との「地域見守り協定」への期待は大きいといえる。

③京都高齢者生協による「共住（ともずみ）プロジェクト」

京都高齢者生活協同組合くらしコープ（以下、京都高齢者生協）は組合員への支援として、介護保険事業である居宅介護支援事業、訪問介護事業、通所介護事業を行っているが、介護保険制度外にも生活支援活動や、墓の建設費用や手入れの心配を解消し組合員が入れる「共同墓」の建立も行っている。

生活支援活動は、介護保険制度で対応できない支援である。介護保険制度のホームヘルパー（訪問介護）による生活援助の内容が限定的なことから始めた。具体的には、電球交換、庭の掃除、話し相手、ペットの散歩などである。また、介護予防・日常生活支援総合事業（総合事業）が開始され、これまでホームヘルパーに依頼していた調理などの家事援助のほか、植木の剪定、不用品の処理なども行っている。

さらに京都高齢者生協は、京都府の次世代下宿「京都ソリデール」事業の委託を受けて、「共住プロジェクト」を実施している。

「京都ソリデール」事業とは、高齢者と若者の同居・交流による若者の定住促進などの取り組みとして、京都府と事業者が連携して実施している事業である。従来の下宿とは違い、高齢者と大学生の双方の合意までに交流を行い、食事の提供の有無など同居のルールを決める。高齢者は収益を目的とせず、双方が無理のない形で同居・交流を続ける。この事業は2016年度から実施され、すでに12組が成立している。

ソリデールはフランス語で「連帯の」という意味である。同様の事業は欧州が始まりである。フランスでは、パリのボランティア団体「パリソルデー

ル」などが中心となり、高齢者が若者に自宅の一室を低家賃で提供する代わりに、若者は高齢者の心の支えになるようなマッチングを実施している。

　若者は高齢者を緩やかに見守る役割を果たすこともできる。京都府のケースではないが、高齢者と大学生が同居をしていて、大学生が帰宅して高齢者が倒れているところを発見し、すぐに救急搬送できたことで大事に至らなかったケースも報告されている。

　今後、単身高齢者が増えてくるなかで、京都高齢者生協が取り組む「共住プロジェクト」のような異世代同居は、高齢者の社会的孤立の予防につながる活動の1つになるといえる。

3）自治体による見守り活動

　社会から孤立している人は自ら声をあげられず、地域社会のなかで潜在化する。このような人々への接近方法として、アウトリーチがある。アウトリーチは専門職が住民のところまで出向いて行う支援である。ここでは、自治体によるアウトリーチの取り組みを紹介する。

①東京都港区による「ひとり暮らし高齢者等見守り推進事業」

　東京都港区は2011年6月から、東京都の補助事業「シルバー交番設置事業」（2015年度に「高齢者見守り相談窓口設置事業」として整理された）を活用して、アウトリーチ（「ひとり暮らし高齢者等見守り推進事業」）を行う「ふれあい相談員」（社会福祉士、保健師など）を2名配置した。その後、2012年度から全5地区に2名ずつ計10名配置し、現在では11名配置している（真継、2013）。

　ふれあい相談員の訪問対象は、①ひとり暮らし高齢者のうち、介護保険制度や区の高齢者サービス等を利用していない人、②複数の75歳以上の高齢者のみで構成する世帯のうち、世帯員全員が介護保険や区の高齢者サービスなどを利用していない世帯、③民生委員、地域住民等から情報提供があった高齢者、である（東京都港区、2018）。

②群馬県太田市による「おとしより見守り隊事業」

　群馬県太田市でも2012年10月から、市職員が高齢者の安否確認をする「お

としより見守り隊事業」を実施している。

　全国で孤立死が相次いだことを受けたもので、同市では消防部門を除く75課の係長代理級以上計400人が月に2回、ひとり暮らし高齢者全員約4,300人宅を訪問している（『東京新聞』2012年11月26日付朝刊）。さらに、民生委員と合わせてほぼ週に1回は、誰かが訪問する体制を整えた。

　この事業開始早々に、見守り隊員が80代女性宅を訪問してトイレで倒れているのを発見し、緊急入院で一命を取りとめた実績を残している。

　自治体によるアウトリーチの取り組みは、まだ限られた自治体でしか行われていない。今日のように、家族や地域住民との関係が希薄化している現状では、自治体によるアウトリーチの取り組みは重要である。

おわりに

　2017年5月に「地域包括ケアシステムの強化のための介護保険法等の一部を改正する法律」（いわゆる「地域包括ケアシステム強化法」）が成立した。この法律は、介護保険法だけでなく、社会福祉法や老人福祉法など31種類の法律を一括に改正する法律である。

　改正のポイントは、「地域包括ケアシステムの深化・推進」と「介護保険制度の持続可能性の確保」である。そして、「地域包括ケアシステム強化法」は「『我が事・丸ごと』地域共生社会」の実現の第一弾と位置づけられている。

　また、改正社会福祉法では地域福祉の推進の理念として、支援を必要とする住民（世帯）が抱える多様で複合的な地域生活課題について、住民や福祉関係者による①把握、および②関係機関との連携などによる解決が図られることをめざす旨が明記された。つまり、住民が主体的に地域生活課題を「我が事」と考えて、地域生活課題を「丸ごと」受け止め、課題解決に向けて取り組むことが基本とされた。

　国が推し進める地域包括ケアシステムは、「自助」「互助」を中心とした自己責任、住民任せ、公的責任の後退という無責任なシステムである。本来の

地域包括ケアシステムとは、住民や福祉関係者任せではなく、公的責任の基盤の上に構築されるべきである。自治体は公的責任を果たし、社会的孤立予防に努めることを期待したい。

（新井康友）

文献
・新井康友、2013、「孤独死の実態と社会的孤立」河合克義・菅野道生・板倉香子編『社会的孤立問題への挑戦』法律文化社：23-35
・新井康友、2015、「買い物難民の現状とニーズに関する一考察」『地域福祉サイエンス』2：47-53
・厚生労働省、2015、「資料1　生活困窮者自立支援法関係の予算等について」『生活困窮者自立支援制度全国担当者会議資料について（平成27年1月26日）』
・真継直、2013、「高齢者の孤立と自治体行政」河合克義・菅野道生・板倉香子編『社会的孤立問題への挑戦』法律文化社：133-52
・中沢卓実・結城康博編、2012、『孤独死を防ぐ』ミネルヴァ書房
・東京都港区、2018、「平成29年度ふれあい相談員による高齢者見守り活動報告会」、東京都港区ホームページ（2018年4月6日取得、https://www.city.minato.tokyo.jp/zaitakushien/koureisya/documents/happyou.pdf）
・全国「餓死」「孤立死」問題調査団編、2012、『「餓死・孤立死」の頻発を見よ！』あけび書房

第2部
北東アジアにおける高齢者の生活課題と社会的孤立問題の現状

第2部　北東アジアにおける高齢者の生活課題と社会的孤立問題の現状

第1章

韓国都市部における高齢者の貧困と孤立

はじめに

　韓国はかつて「儒教の国」と呼ばれ「孝」思想を重視してきたが、現在は家族構成と扶養意識に大きな変化が起きている。
　一方、経済状況においては、朝鮮戦争の爪痕から著しい経済発展を成し遂げ、国民の生活は豊かになった。しかし、一見豊かに見える国民生活を凝視すると、高齢者の厳しい生活状況が浮かび上がる。
　1960年代以降、軍事政権が経済最優先の政策を取り国富は増大するなかで、国民は長い間その成果の実りを味わうことができなかった。経済発展の犠牲となった労働者の低賃金は長年続き、公的年金や医療保障制度が整ってきたのも1980年代後半のことである。
　このような歴史を辿ってみると、激動の時代を生き抜いてきた高齢者世代の多くが生活困難な状況に置かれているのは、十分予想できた結果ともいえる。
　本章では、韓国が経済成長を成し遂げる一方で、その陰にある高齢者の貧困問題が浮き彫りになった背景と、その対策に追われている現状を取り上げることにする。

1. 韓国における高齢者の貧困とその背景

(1) 社会保障制度の整備の遅れと低水準の老後所得保障

　深刻な高齢者の貧困の最大要因として、社会保障制度の整備の遅れと低水準の老後所得保障があげられる。韓国の相対的貧困率は2016年現在14.7％であるが、同時期の66歳以上高齢者の相対的貧困率は47.7％で、全体の貧困率よりはるかに高い（統計庁、2017）。

　韓国は、1960年代の工業化政策以降、「漢江の奇跡」と呼ばれるほど経済が著しく成長した。オイルショック後の1974年でも、国内総生産（実質成長率）は9.5％と高い経済成長率を維持していた（韓国銀行、2017）。

　しかしながらこのような経済成長の陰で、労働者には安い賃金と長時間労働が強いられた。経済発展の犠牲になった現役時代の低賃金が、現在の高齢者世代の貧困を規定しているともいえる。

　一方、経済成長を最優先にした政策のもとで、社会保障制度の整備は後回しにされた。1962年に「生活保護法」施行、1964年には産業化政策をバックアップするため「産業災害補償保険法」が実施されたが、所得保障制度と医療保障制度の整備は遅れた。国民年金制度は1988年に導入され、1999年に皆年金が達成された。全国民医療保険の実施は1989年からである[1]。

　また労働政策においても、1953年に「労働組合法」「勤労基準法」「労働争議調整法」が制定されたが、1988年に最低賃金制が実施されるまで、労働者の権利保障とは程遠いものであった。

　社会保障制度の整備が遅れるなかで、高齢者世代の大半は老後所得保障がないまま高齢期に入った。さらに扶養意識の変化、仕送りなどの私的移転所得の減少により、これまで家族扶養に委ねられていた高齢者の生活は困難を極め、高齢者の貧困問題は社会的関心を集めるようになった。

1　1963年に医療保険法が制定されたが、1979年に従業員300人以上の事業所に対象を拡大した。

まず、高齢者の所得水準についてみると、2016年現在65歳以上高齢者の国民年金受給率は38.09％である（国民年金公団、2017：42-43）。一方、統計庁の『経済活動人口調査高齢層付加調査』によると、2017年5月現在の55歳から79歳の人が受領した年金の月平均額は、平均53万ウォンという低額である。

　この年金額は、「国民年金、公務員年金、軍人年金、私学年金の公的年金と、基礎年金、個人年金等、政府または個人によって助成され受領した金額」で、公的年金のほかに私的年金も含まれている[2]。その分布は、「10万ウォン未満」0.7％、「10万〜25万ウォン未満」46.6％、「25万〜50万ウォン未満」26.2％、「50〜100万ウォン未満」13.7％、「100〜150万ウォン未満」4.0％、「150万ウォン以上」8.8％であり、年金受給者の47.3％が月2万5,000円[3]以下の金額を受領したことになる。

　もう1つ、低所得高齢者の生活が困難を極めている背景には、公的扶助制度の機能不全の問題がある。最後のセーフティーネットとして機能すべき国民基礎生活保障制度（以下、基礎生活保障）は、扶養意識の変化を積極的に反映しないまま、扶養義務者規定を厳しく適用してきた。これまで、扶養義務者の所得と財産の所得換算額により扶養能力の有無を判断しており、扶養能力の判定基準が低かったため、ある程度の所得を得る子どもがいるだけで基礎生活保障を受けられない高齢者も少なくなかった。

　イチェジョン（2013：15）によると、基礎生活保障を申請した人のうち、扶養義務者基準に該当して基礎生活保障を受けなかった人の割合は、2012年現在17.7％（12,752人）であった。

　またイチェジョン（2013：19）は、扶養義務者の判定基準が低いことから、受給申請世帯だけでなく扶養義務者世帯の生活悪化をも危惧している。基礎生活保障では、扶養義務者の範囲を1親等の直系血族およびその配偶者（ただし、死亡した1親等の直系血族の配偶者は除外）にしている。2015年の基礎生

2　統計庁『経済活動調査高齢層付加調査』の注釈参照。私学年金は日本の私学共済に相当。基礎年金については第3節を参照。
3　円に換算する場合、2017年12月29日の為替レートは100円：約950ウォンであるが、騰落が激しいため簡略化して10ウォン＝1円で計算している。

活保障の大幅な改正以降も、扶養義務者規定により基礎生活保障の利用から排除される高齢者がいる状況である。

韓国政府は現在、扶養義務者基準の段階的廃止を検討している（保健福祉部・国土交通部・教育部、2017：22-24）。

(2) 賃貸借契約慣行の変化と住居費負担の激増

2000年代に入って借家契約慣行の変化が著しく、高齢者の生活はさらに追い詰められている（朴、2014：60）。日本でも、増加している高齢単独世帯のうち借家世帯の割合は3分の1を超えている。

韓国の賃貸借契約の慣行はこれまで、日本とは違う「チョンセ」が一般的であった。チョンセは、多額のチョンセ保証金（チョンセ金ともいう。以下、チョンセ金）と引き換えに、不動産を占有し使用できる権利を得る。チョンセ契約期間中に家賃はなく、退去時はチョンセ金全額が賃借人に返還される。過去にはこのチョンセが住宅賃貸の多くを占めていたが、現在は月払いの賃貸借契約（月貰：月極の意味）に移行しつつある。

このような賃貸借契約形態の変化は、低所得世帯、特にひとり暮らしの高齢世帯の生活をさらに厳しくしている。チョンセであれば、たとえば1Kの部屋でも入居の際に何千万ウォン（大都市の場合）という多額のチョンセ金が必要になるのが普通だが、その分毎月の家賃を払わなくても済むことで、生活安定に寄与してきた。

また、2015年に基礎生活保障の「住居給与（住宅扶助）」の改正が行われるまで、賃貸借契約慣行の変化は、基礎生活保障受給者に大きな影響を与えていた。改正以前の国民基礎生活保障制度はチョンセ住宅を基準にしていたため、住居給与額は実際の家賃額を反映していなかった。

改正前の2014年、単身世帯の住居給与額は10万7,532ウォンであった。ソウル市の場合、劣悪な住居環境の月貰住宅（たとえば浸水の恐れがある地下住宅）でも家賃は月30万ウォンを超えることが多く、結局「生計給与（生活扶助）」から家賃を負担することになる。高齢単独世帯の場合、2014年基準生計給与と住居給与の合計額は48万8,063ウォンで、そこから家賃（たとえば

30万ウォン）を払うと、残りの約20万ウォンで生活しなければならなかった。

2015年の住居給与の改正により、基礎生活保障受給者の負担は軽減されているが、基礎生活保障を受給できない高齢単独世帯をはじめとする低所得者の借家生活は、非常に厳しい状況である。

(3) 高齢単独世帯の急激な増加と扶養意識の変化

また、高齢単独世帯の急速な増加と扶養意識の変化による問題がある。

まず、世帯あたりの平均世帯員数は、2015年現在2.53人である（統計庁『人口総調査』）。また、1人世帯の増加とともに高齢の単独世代も激増している。65歳以上の高齢者世帯（世帯主の年齢が65歳以上の世帯）のうち単独世帯が占める割合は1990年に20％であったが、2015年には32.9％にまで増加した。同じく夫婦のみ世帯が占める割合も1990年の23.8％から、2015年には33.1％にまで増加している。

2015年現在、高齢者世帯の世帯類型は、1世代世帯34.0％（夫婦のみ世帯33.1％）、2世代世帯26.2％、3世代世帯6.3％で、単独世帯は32.9％である[4]。

韓国の高齢者世帯は世帯主が65歳以上の場合であるため、日本の高齢者世帯（65歳以上の人がいる世帯）とは異なる。しかしながら、日本の高齢者世帯のうち単独世帯が占める割合が、1986年の13.1％から2015年の26.3％にまで増加（厚生労働省、2016）したことを考えると、韓国の高齢単独世帯の増加率も急激な増加を見せているといえる。

このように65歳以上の高齢者世帯のうち単独世帯と夫婦のみ世帯が増加している世帯構成の変化は、扶養意識の変化と関連がある。

統計庁の1998年の『社会調査』によると、「老父母の扶養責任に対する態度」について、「子どもに扶養責任」89.9％、「父母自ら解決」8.1％、「社会及びその他」2.0％の順であった。一方、2016年の『社会調査』では「父母扶養に関する見解」について、「家族と政府・社会」45.5％、「家族」30.8％、「自ら解決」18.6％、「政府・社会」5.1％と答えている。14年の間に扶養意識は大

---

4 統計庁『人口総調査』

きく変わったのである。

　このような変化の背景には、国民の意識が国に扶養責任を求めるように変化したこと、1997年の経済金融危機を境に子ども世代の家計が苦しくなったことも関連があると考えられる。

(4) 高齢者の収入源の変化

　扶養意識の変化は、高齢者の収入源の変化にも大いに影響している。かつてのように、子どもからの仕送りなど私的移転に頼ることは難しくなっている。低水準の老後所得保障と私的扶養の減少により、高齢期に入っても生計維持のために働かないといけない。

　統計庁が2002年に実施した『社会調査』で、60歳以上の人の「生活費[5]の調達方法」は、「本人及び配偶者」55.9％、「子ども・親戚」40.1％（同居の子ども・親戚20.9％、別居の子ども・親戚19.2％）、「政府及び社会団体」3.8％、「その他」0.2％の順であった。

　しかし2017年の『社会調査』では、「本人及び配偶者が負担」69.9％、「子ども・親戚の支援」20.2％、「政府及び社会団体」9.9％の順で、2002年に比べ私的扶養の減少が著しい。この調査で生活費を「本人及び配偶者が負担」と答えた人の所得構成を見ると、「勤労所得・事業所得」54.2％、「年金・退職金」28.1％、「財産所得」10.3％、「貯金」7.3％であり、年金より勤労所得に頼っている生活の実態がうかがえる。

(5) 高齢者の低学歴と貧困

　韓国における高齢者の貧困の背景としてもう1つあげられるのは、高齢者の低学歴の問題である。

　まず、高齢者の教育水準を表1で見ると、80〜84歳以上の場合、非識字の人は19.3％であり、識字の未就学者は28.7％である。日本植民地期に義務

5　2002年の『社会調査』では、「生活費（お小遣い）」と記載されている。

第2部　北東アジアにおける高齢者の生活課題と社会的孤立問題の現状

表1　高齢者 (65歳以上) の教育水準　(単位：%)

	全体 2014年	性別 男性	性別 女性	年齢 65~69歳	年齢 70~74歳	年齢 75~79歳	年齢 80~84歳	年齢 85歳以上
未就学(非識字)	9.6	2.4	14.8	2.6	7.3	11.5	19.3	25.5
未就学 (識字)	20.9	11.6	27.5	11.6	19.9	27.1	28.7	32.6
小学校	32.0	28.6	34.4	32.9	34.2	30.9	29.2	28.3
中学校	13.2	16.9	10.5	18.7	14.2	10.3	7.0	4.9
高等学校	16.6	26.3	9.7	24.0	16.9	13.5	9.7	4.8
専門大学以上	7.8	14.2	3.2	10.3	7.3	6.8	6.1	3.9
計	100	100	100	100	100	100	100	100

注：合計は、四捨五入のため100にならない場合もある。
(出所) チョン・キョンヒほか (2014)『2014年度老人実態調査』保健福祉部・韓国保健社会研究院、100～109より筆者作成。

表2　高齢者 (65歳以上) の教育水準と所得源泉別保有有無 (個人所得)
(単位：%、人)

	勤労所得	事業所得	財産所得	私的移転所得	公的移転所得 公的年金	公的移転所得 基礎老齢年金	公的移転所得 基礎生活保障	公的移転所得 その他公的給与	私的年金所得	その他所得	人数
未就学(非識字)	9.6	11.4	14.9	92.7	13.8	89.8	12.9	16.6	0.3	3.4	1,006
未就学 (識字)	13.6	12.3	19.2	93.7	19.3	83.4	7.3	25.9	0.3	2.3	2,181
小学校	14.6	14.3	26.6	94.8	29.3	71.7	5.3	15.2	0.5	2.3	3,345
中学校	17.9	17.3	30.3	92.9	39.8	56.4	3.1	14.6	0.9	2.7	1,376
高等学校	15.8	13.6	35.7	90.7	46.6	48.1	2.5	12.5	0.9	2.4	1,732
専門大学以上	11.2	13.4	48.0	87.2	54.8	25.7	1.9	10.2	3.4	3.0	811

(出所) チョン・キョンヒほか (2014)『2014年度老人実態調査』保健福祉部・韓国保健社会研究院、258より筆者作成。

教育は実施されておらず、生活困難のため小学校の中途退学者も多い時期であった。さらに女性は、男性優位の儒教的慣習により未就学者の割合が高くなっている。

　高齢者世代の低学歴による影響は、所得構成にもその関連が見られる。表2は、高齢者自身の所得源泉別保有率を、教育水準ごとに示したものである。
　「財産所得」の保有は、非識字高齢者の14.9%に対し、専門大学以上の学歴の高齢者は48.0%である。
　「公的移転所得」は、非識字高齢者の場合「公的年金」13.8%、「基礎老齢年金 (詳細は3節参照)」89.8%、「基礎生活保障」12.9%、「その他公的給与」16.6%の割合で保有している。一方、専門大学以上の学歴の高齢者は「公的

年金」54.8％、「基礎老齢年金」25.7％、「基礎生活保障」1.9％、「その他公的給与」10.2％である。

この調査結果からわかるように、学歴が高い高齢者は財産所得と公的移転所得のうち公的年金の割合が高く、学歴が低い高齢者は公的移転所得のうち、基礎生活保障、基礎老齢年金の割合が高くなっている。特に、非識字高齢者の場合、公的扶助の基礎生活保障を受給している人が専門大学卒以上の高齢者の約6倍と、異常に高い割合を見せている。

また、後述するように受給資格に一定の所得制限がある基礎老齢年金においても、非識字高齢者の約9割が受給しているのに対して、専門大学卒以上の高齢者の受給割合は25.7％である。これは、高学歴高齢者の所得が著しく高いことを表している。

以上のことから、高齢者の貧困の背景には学歴が関連しているといえる。高学歴の高齢者に比べ、低学歴の高齢者は就労の機会が少なく、高い就労収入を得ることも難しいことは容易に想像できる。

2. 高齢者の生活困難の状況と孤立の実態

(1) 高齢者の就労状況と貧困

高齢者は低水準の老後所得保障のため、高齢期に入っても働かないと生活ができない。しかし、高齢者が働く場は限られているのが現状である。

『2014年度老人実態調査』で「現在働いている」と答えた高齢者2,970人（調査対象者は10,279人）が従事している仕事は、「農業・漁業」38.3％、「警備・守衛・掃除」19.3％、「家事・調理・飲食」8.2％、「販売・営業」6.8％、「運送・建設関連」10.8％、「公共・環境関連」7.6％、「その他」8.9％の割合である（チョン・キョンヒほか、2014：375）。

国はこのような現状を受け、2004年から「老人イルザリ及び社会活動支援事業」という高齢者就労支援事業を実施している。事業の種類は小学校での給食支援など公益活動が最も多いが、共同作業場や人材派遣など多様であ

る。共益活動の場合、月30時間以上（1日3時間以内）の活動に参加し、月約22万ウォンの報酬を得る（報酬と活動時間は仕事の内容によって異なる）。

また、少ない収入を補うため、古紙収集の仕事に出る高齢者も多い。高齢者の古紙収集は小遣い程度の補助的収入源としての役割が一般的だが、主な収入源になっている人もいる。

高齢者による古紙収集の仕事は以前からあったが、特に公的年金の低水準など高齢者の貧困問題に社会的関心が集まるなかで、メディアでも多く取り上げるようになった（朴、2014：71）。私的扶養の減少により古紙収集をしている高齢者の数は増えていると思われるが、実際どれくらいが従事しているのか、その実状は明らかにされていない。先述の『2014年度老人実態調査』では、「現在働いている」と答えた高齢者（2,970人）の4.4％が古紙収集の仕事であった（チョン・キョンヒほか、2014：375）。

収集は古紙だけでなく、ペットボトルや缶など再活用できる資源ゴミが対象であり、古物商にキロ単位で受け取られている。収集したものをリヤカーや中古のベビーカーを利用して運ぶ過程で交通事故も多発している。そのため最近は各自治体で夜光チョッキを配るなどの支援も行っているが、弥縫策（一時のがれの間に合わせ）に過ぎない。

古紙収集で得る所得は、受け取り価格の騰落が激しく、収集量に左右されるため一律にいえない。2016年の報道によると1キロあたり80ウォンで引き取られており（『ソウル新聞』2016年10月11日付）、たとえ100キロを収集しても8,000ウォンほどの少額である。

生活困難の状況に置かれていても基礎生活保障を受給できず、基礎年金（1人世帯の場合、約20万ウォン）しか所得がない高齢者は、古紙収集で得たわずかな収入を足して生活を賄わざるを得ない。これが高齢者の貧困の実態である。

(2) 高齢借家単独世帯の居住環境と孤立

高齢の借家単独世帯における住居費負担の増大は、居住環境のさらなる悪化をもたらしている。

借家契約慣行の移行によるチョンセ物件の不足で、ソウル市など大都市で

は家賃も高くなっている。収入が少ない低所得者は、地下住居、チョクバン、旅館、考試院（コシウォン）など、典型的住宅とはかけ離れた劣悪な居住空間に入るしかない。チョクバンは、日本の簡易宿泊所のような環境で、その数は減っているが、高齢の居住者が多い。

ソウル市では2004年から2011年の8年間に、考試院居住者が6万2,975世帯から13万8,805世帯にまで増加したと推定されている（ソウル特別市、2013：17-18）。

考試院はかつて司法試験、公務員試験などの受験のために利用された部屋で、作り付けの家具（ベッドや机など）を除くと、大人1人がやっと横になれる1～3坪程度の狭小部屋である。考試院には若い世帯の居住が多いが、男性の高齢独居世帯の居住も増えている。近年は考試院での孤独死がたびたび報道されている[6]。

高齢単独世帯の住居と関連してもう1つ説明が必要なものが、「永久賃貸住宅」である。都市部（特に首都圏）に1989年から1990年代まで、低所得者と無住宅者のための公共賃貸住宅[7]として19万戸が建てられた。所得基準などによる入居制限があるため、主に低所得者と障害者が住んでいる。

入居が始まった1990年代当時は、住宅を所有していない一般世帯の入居が可能であった。また入居制限はあるものの、入居中に基礎生活保障の受給資格を失っても、入居保証金と家賃の減額がなくなるだけで居住は可能であり、相場の家賃に比べて安いため住み続けている人が多い。

永久賃貸住宅は当初、ソウル都心から遠く利便性が悪い、家賃と管理費が高いなどの理由で敬遠されていた。借家契約慣行の変化のなかで相対的に家賃が安くなった永久賃貸住宅の入居を希望する人が増え、現在は入居まで約2年待ちの状況で、待機者は3万世帯を超えている（国土交通部、2016）。

永久賃貸住宅団地は1990年代からの長期居住者が多いため、高齢化が進んでいる。さらに、いつからか「都市の中の島」と呼ばれてきた団地住民の、

---

6 2017年6月にプサンの考試院で、死後1か月が経過して発見された50歳代男性の孤独死の事例が報道された（「MBNニュース」2017年7月11日報道）。
7 公共賃貸住宅には「永久賃貸住宅」以外にも、「国民賃貸住宅」、「多家口買入住宅」などがあるが、永久賃貸住宅の住居費負担が軽い。

社会的孤立が問題となっている。

『聯合ニュース』は「20年の間に『疎外の島』ソウル市初永久賃貸アパート」という記事で、1991年当時のソウル市外郭に初めて建設された永久賃貸住宅住民の孤立の実像を伝えている（『聯合ニュース』2017年9月12日）。

この事例だけでなく、永久賃貸住宅に入居当時の住民が長期間住み続ける間、周りは開発が進み分譲の高層マンションが立ち並ぶなかで、「貧困層が住む住宅」という印象を与えているのが現状である。

2012年にはある永久賃貸住宅団地で、約4か月の間に9人が相次いで自殺した。その後、その団地の居住者を対象に実施された調査で、回答者2,966人のうち19.4％が自殺危険群に入るとの報道があった（『聯合ニュース』2012年10月17日）。

ほかの永久賃貸住宅団地でも自殺が相次ぎ、永久賃貸住宅団地住民に対する自殺対策が強化された。

(3) 高齢者の高い自殺率

韓国全体の自殺率は、1990年に7.6人（人口10万人当たりの自殺者の数）であったが徐々に増加し、1998年には18.6人、2009年に31.0人を記録した（表3参照）。このように全体の自殺率が高いことも問題であるが、韓国の高齢者の自殺率は深刻な状況で、世界で最も高いと指摘されている。

表3　年齢別自殺者の数（人口10万人当たりの自殺者の数）

年齢別	1990年	1995年	1997年	1998年	2002年	2003年	2008年	2009年	2013年	2016年
全体	7.6	10.8	13.2	18.6	18.0	22.7	26.0	31.0	28.5	25.6
65歳以上	14.3	23.6	30.4	39.8	56.2	72.7	71.7	78.8	64.2	53.3
55-59歳	11.5	15.8	20.4	30.9	29.3	37.4	35.0	40.7	38.2	33.0
60-64歳	11.2	17.4	20.1	33.7	35.1	42.3	40.2	47.0	39.5	33.5
65-69歳	14.4	19.2	22.7	33.6	36.4	57.1	54.5	57.0	42.2	36.1
70-74歳	13.2	24.6	30.2	36.7	52.8	59.1	66.8	71.0	59.5	48.5
75-79歳	12.7	27.3	40.1	48.0	72.2	93.4	80.3	91.6	77.7	61.0
80歳以上	18.2	28.5	39.0	51.0	96.7	114.4	112.9	127.7	94.7	78.1

注）上記の年齢別による区分は、0～54歳は省略し、55歳以上の年齢別自殺率を記載している。
（出所）統計庁「死亡原因統計」各年度（1990～2016）より筆者作成。

キムヒョンス・コンイキョン（2013：240）は、高齢者自殺率の増加と経済成長率の関係について注目し、IMF経済危機直後の1998年、またサブプライムローン問題後の2009年に経済成長率が下落したときに、それぞれ65歳以上の高齢者の自殺率が増加していることを指摘している。

表3は、55歳～79歳と80歳以上の年齢別自殺率、65歳以上の自殺率、全体の自殺率を示したものである。特に75～79歳の自殺率は、1990年の12.7人から2009年には91.6人にまで増加、80歳以上の自殺率は1990年の18.2人から2009年には127.7人にまで増加している。

自殺に至った原因は、経済状況だけでなく身体状況など複雑な背景があると思われるが、生活困難が影響をおよぼしていることも重要な背景と考えられる。特に75歳以上の高齢者の自殺率の急激な増加は、高齢者が孤立する現状の深刻さを物語っている。

全体および高齢者の自殺者数は2009年以降減少傾向ではあるが、2016年の数字を見ても、自殺率は依然として高いのが現状である。

3. 深刻化する高齢者の貧困と孤立問題への対応

(1) 基礎年金への改正

高齢者の貧困が深刻化するにもかかわらず高齢者に対する支援は、国民基礎生活保障制度以外に基礎老齢年金と高齢者就労支援事業くらいであった。高齢者の所得改善策として2007年から実施されていた基礎老齢年金の受給額は1人の場合、2014年まで10万ウォンに満たなかった。

深刻な高齢者の貧困の現状を受けて2014年7月に基礎年金制度が導入され、支給額を引き上げている。受給対象は、65歳以上高齢者のうち所得下位70％である。受給資格は、所得認定額（所得評価額と財産の所得換算額の合計金額）が1人世帯は119万ウォン以下、夫婦世帯は190万4,000ウォン以下（2017年基準）である。

支給額は国民年金と連動して算定される。2017年現在、国民年金無年金

者の場合は1人世帯20万6,050ウォン、夫婦の場合は各自に算出された基礎年金額の20％を減額し受給する[8]。

基礎年金は2017年4月現在、65歳以上高齢者の66.7％（475万1000人）に支給されており、受給者のうち54.9％が満額（月20万6,050ウォン）を受給している（保健福祉部、2017年8月21日付）。

(2) 国民基礎生活保障制度の大幅な改正

基礎生活保障の厳しい扶養義務者規定により、低所得高齢者の多くが基礎生活保障を受給できないことが常に問題として指摘されてきた。一方、チョンセ賃貸住宅の減少という社会状況の変化により、これまではなかった家賃の負担を強いられる高齢者世帯も増えている。さらに、基礎生活保障の住居給与は、その賃貸借契約がチョンセか月貰（月極）かを問わず一律に支給されていた。

基礎生活保障の財産調査において、受給世帯の基本的生活維持に必要と認められる場合、財産の所得換算額から「基本財産額」として控除（2017年現在、大都市の場合5,400万ウォン）される（保健福祉部、2017a：187）。これには、これまで基礎生活保障受給世帯のうち、チョンセ借家世帯が多かったため、多額の基本財産額（たとえばチョンセ金）を認めざるを得なかった経緯がある。

また先述したように、住居給与額も1人世帯の場合月10万ウォン程度という低い水準であった。一方で、チョンセ部屋を借りるためには入居時に多額のチョンセ金が必要なため、月極の部屋を転々とする低所得者も少なくない。

このような状況を改善するため、2015年に国民基礎生活保障制度の大幅な改正が行われた。これにより、これまでの「最低生計費」による算定基準から、基礎生活保障上の給付を「生計給与」「住居給与」「医療給与」「教育給与」などとし、給付ごとの選定基準に改められた。また、これまで基礎生活保障を所管した保健福祉部から、住居給与は国土交通部が、教育給与は教育部がそれぞれ所管部署になった。

---

8 そのほか、国民年金受給者との逆転防止のため、減額措置などを設けている。

基礎生活保障受給の選定基準は、たとえば生計給与の場合、基準中位所得の30％以下（1人世帯は49万5,879ウォン）、住居給与の場合は基準中位所得の43％（1人世帯は71万760ウォン）になる。

改正された住居給与は、ソウル市などの1級地の場合、1人世帯基準賃貸料20万ウォンの上限内で実質の家賃が支給される。

(3) 孤立する高齢者への支援策

自殺者の増加と孤独死の増加が著しくなり、その対応策として韓国政府は2007年から「老人ドルボムサービス[9]」を実施している。

2008年に老人長期療養保険が実施されてから、高齢者の介護は主に老人長期療養保険が担っているが、老人長期療養等級（要介護度）判定外の場合は、療養保険サービスを利用できない。そのような高齢者を対象に、家事支援サービスを提供している老人ドルボム総合サービスがある。また、独居高齢者の安否確認、地域資源との連携、生活教育に重点をおいている老人ドルボム基本サービスがある。

各地域には老人福祉館や社会福祉館という福祉機関[10]が設置され、高齢者に対する支援を行っている。このような地域の福祉機関では、政府の支援により、基礎生活保障を受給している低所得高齢者などに無料給食を実施している。

さらに、韓国には以前から地域高齢者の余暇のために、「敬老堂」という交流の場があった[11]。2016年現在、敬老堂は全国的に6万5,044か所設置されている（保健福祉部、2017b）。高齢者の孤立防止、自殺予防の対策として、敬老堂を活用するようになっている。

具体的には、生活情報教育を実施する場所、夏場の熱中症や冬の寒波を凌

---

9 「ドルボム」とは「世話」を意味する。
10 老人福祉館は地域の老人福祉の中心的な福祉機関であり、2017年現在全国に364か所がある（韓国老人福祉館協会ホームページ参照）。社会福祉館は地域の福祉増進のため中核的役割を担う福祉機関であり、全国に2018年現在466か所がある（韓国社会福祉館協会ホームページ参照）。
11 敬老堂と老人福祉館は、老人余暇福祉施設として分類されている。

ぐための避難所として使われており、永久賃貸住宅団地の敬老堂などでは無料給食を提供するところもある。

おわりに

　高齢者の貧困の背景と社会情勢の変化、主に都市部に住む高齢者の生活状況を見てきた。また、高齢者貧困と孤立防止に対する国の対応も取り上げてきた。

　ここ数年、高齢者の貧困対策における最も大きな変化に、基礎老齢年金から基礎年金に改正したことによる基礎年金額の引き上げがあげられる。収入がないにもかかわらず扶養義務者規定の厳しい適用により基礎生活保障を利用できなかった高齢者にとって、基礎年金額の2倍以上のアップは大きい。

　しかしながら、公的年金の受給率からわかるように、依然として低い高齢者の所得状況を考えると、さらなる支援を講じなければばらない。また借家契約慣行の移行により、高齢借家世帯の生活はさらに困難な状況に置かれている。日本でも高齢借家世帯の住宅問題が注目されているが、韓国においても高齢者世帯の住宅の問題は喫緊の課題である。

（朴　仁淑）

文献
〈韓国語〉
・イ・チェジョン、2013、『基礎生活保障事業評価』国会予算政策処
・キム・ヒョンス、コン・イキョン、2013、「韓国老人自殺率と社会・経済的要因の関連性——1990年〜2010年変化推移を中心に」『韓国コンテンツ学会論文誌』13（6）：236-245
・国民年金公団、2017、『2016年国民年金統計年報』
・ソウル特別市、2013、『非住宅居住家口住居支援方案準備のための研究』
・チョン・キョンヒほか、2014、『2014年度老人実態調査』保健福祉部・韓国保健社会研究院
・統計庁、2017、「報道資料：2016年所得分配指標」（2017年5月25日付）
・保健福祉部、2017a、『2017年国民基礎生活保障事業案内』
　―――、2017b、『2017老人福祉施設現況』

第1章　韓国都市部における高齢者の貧困と孤立

- 保健福祉部・国土交通部・教育部、2017、「第1次基礎生活保障総合計画（2018-2020）（案）」
- 国土交通部、「報道資料」、2016年7月26日付（http://www.molit.go.kr/USR/NEWS/m_71/lst.jsp）
- 統計庁、『人口総調査』
  ───、『社会調査』
  ───、『経済活動調査高齢層付加調査』
  ───、『死亡原因統計』
  （以上、国家統計ポータルホームページ http://kosis.kr/index/index.do）
- 韓国銀行経済統計システムホームページ「国民計定」（http://ecos.bok.or.kr/flex/EasySearch.jsp）
- 韓国社会福祉館協会ホームページ（http://kaswc.or.kr/centerlist）
- 韓国老人福祉館協会ホームページ（http://www.kaswcs.or.kr/sub05/sub0507.php）
- 保健福祉部、「報道資料」、2017年8月21日付（http://www.mohw.go.kr/react/al/sal0301vw.jsp?PAR_MENU_ID=04&MENU_ID=0403&page=76&CONT_SEQ=341186）
- 『MBNニュース』2017年7月11日報道（http://mbn.mk.co.kr/pages/news/newsView.php?category=mbn00009&news_seq_no=3279055）
- 『ソウル新聞』インタネットニュース2016年10月11日記事（http://www.seoul.co.kr/news/newsView.php?id=20161012009029&wlog_tag3=naver）
- 『聯合ニュース』2012年9月12日報道（http://news.naver.com/main/read.nhn?mode=LSD&mid=sec&sid1=102&oid=001&aid=0005810347）
- 『聯合ニュース』2012年12月17日報道（http://news.naver.com/main/read.nhn?mode=LSD&mid=sec&sid1=102&oid=001&aid=0005878041）

（以上、ホームページはいずれも2018年11月20日取得）

〈日本語〉
- 朴仁淑、2014、「韓国の大都市における低所得層高齢者の生活困難と生活不安──在宅高齢者の食生活・介護・住居・労働問題を中心に」『立命館産業社会論集』、49巻4号：57-77
- 厚生労働省ホームページ、2016、「平成27年　国民生活基礎調査の概況」（2016年7月12日）（2018年2月20日取得、https://www.mhlw.go.jp/toukei/saikin/hw/k-tyosa/k-tyosa15/dl/15.pdf.）

第2章

韓国都市部における無縁社会問題

はじめに

　韓国では、自殺や餓死、孤独死、無縁死のような、日本と同様の社会的問題が起こっている。

　2014年5月22日と29日の2週にかけて、「KBSパノラマ—韓国人の孤独死」が放送された。番組では、単独世帯の増加に伴い経済的貧困に陥っている当事者たちが、家族や地域から孤立し孤独死するケースが多く紹介された。

　しかし、韓国で「孤独死」や「孤立死」問題が表面化したのは近年であるため、行政単位で行われる調査や統計データがないのが現実である。

1.「無縁社会」の現れ

(1) 韓国で使われる無縁社会に関連する用語の整理

　韓国では主に「孤独死」の用語が使われている。しかし韓国にはまだ、この用語についてまとめられた定義はない。

　個々には、ジョン・スンドゥルら (2010) が孤独死について、文字通り1人で孤独に誰にも看取られることなく迎える死、家族や地域から断絶されてい

るために孤独に死んでいっても誰もそれを認識できない死、と定義している[1]。またクォン・ジュンドン（2010）は孤独死を、1人で死を迎え、遺体が死亡時点から一定の時間が経過した後に発見される事例と見ており、自殺および他殺は含めないのが一般的だと述べている[2]。

韓国には無縁死した人を表す「無縁故死亡者」という用語がある。ここから「縁故者」と「無縁故者」という表現で区分することができる。国立国語院の「標準国語大辞典」によれば、縁故者は「血統、情宜、法律などで結ばれた関係や縁のある人」とされている。したがって「無縁故者」は、「血統、情宜、法律などで結ばれた関係や縁のある人の無き者」ということになる。

また、縁故者に関しては表1のとおり、韓国の「葬事等に関する法律」第2条第16項に明示されている。

表1　韓国における縁故者の定義

〈「葬事等に関する法律」第2条第16項〉
　縁故者とは、死亡した者と以下の各項目の関係にあった者をいい、縁故者の権利・義務は以下の各項目の順序で行使する。ただし、順位が同じ子女あるいは直系卑属が2名以上なら最近親の年長者が優先順位を持つ。
1. 配偶者
2. 子女
3. 父母
4. 子女外の直系卑属
5. 父母外の直系尊属
6. 兄弟・姉妹
7. 死亡する前に治療・保護あるいは管理していた行政機関または治療・保護機関の長
8. 1から7までに該当しない者で、遺体や遺骨を事実上管理する者

(出所)「葬事等に関する法律」にもとづき筆者が作成

そして、無縁故遺体とは、キム・チュンジン、EBSドキュプライム「家族ショック」大学生取材チーム（2014）によると次の3つをさす。

　①「葬事等に関する法律」第2条による縁故者がいない遺体

---

[1] ジョン・スンドゥル、イム・ヒョヨン（2010：21）
[2] クォン・ジュンドン（2010：53）

②死亡者の身元が確保されず、縁故者が分からない遺体
③死亡者の縁故者がいるにもかかわらず、縁故者の社会的・経済的・身体的能力不足および家族関係の断絶など不可避な理由により引き取りを拒否された遺体

(2) 韓国における「孤独死」研究の流れ

韓国で孤独死に関する研究はあまり進んでいない。韓国では「孤独感」と「社会的孤立」が主に研究されてきた。

ジョン・スンドゥル (2001) は、家族形態が高齢者たちの孤独感におよぼす影響を研究している。その研究で、ひとり暮らしをしている高齢者は、夫婦あるいは子どもと同居している高齢者より、感じる孤独感が強いことが明らかになった。

クォン・ジュンドン (2005) は、高齢になるにつれて現れる「社会的老化」について述べている。「社会的老化」とは、老年期への移行とともに現れる個々の老人の諸水準の社会的状況の変化、すなわち社会的関係網と相互作用、社会規範と社会化、地位と役割の変化である、と説明している。特に、退職、配偶者や友人の喪失などによる社会的関係網が縮小することが要因である、と述べている。

パク・ミジン (2010) は、釜山市機張郡に居住している65歳以上高齢者であり、かつ国民基礎生活保障(日本の生活保護に相当、以下基礎生活保障)を受給している人、あるいは1、2種の医療保護対象の265人について、「社会的孤立が生活満足度にどのような影響を及ぼすのか」、また「社会的孤立が生活満足度に与える影響で社会的認識が媒介効果をもたらすか」を調査した。その結果から、31％が社会的孤立を経験し、さらに5.5％は極度の社会的孤立を経験していることが明らかになった。

孤独死関連の研究が始まったのは、2010年に行われた「高齢者の孤独死、防ぐことはできないのか」というテーマの討論会から、とされている。

ジョン・スンドゥルとイム・ヒョヨン (2010) は、「高齢者の孤独死の現況と課題」で高齢者孤独死の背景要因を探っている。彼らはそれを、①居住形

態の変化による高齢者単身世帯の増加、②交わりを回避する人々の増加が内部的要因と外部的要因として影響、③慢性疾患高齢者の増加、と見ている。

クォン・ジュンドン（2010）は、「孤独死予防のための老人見守りサービス強化策」で、今日はまだ、老人の欲求と問題の多様化、婚姻率低下と離婚そして別居などの家族構造の変化、個人主義価値観の拡散による単身世帯の増加、老人扶養意識変化による家族の扶養機能の弱体化などの社会変化に対応できるほど、老人福祉制度が発達したわけではない、といっている。

2. 韓国における孤独死の現状

(1) 新聞記事による孤独死の変貌

2017年11月28日にメディアを通して流れた孤独死のニュースは、韓国の全国民にショックを与えた。女優の李ミジ（享年57歳、本名：金ジョンミ）が、ソウルにある自分のオフィステル[3]で孤独死しているのが発見されたからで

表2　メディアで取り上げられた孤独死

番号	出典	性別	年齢	地域	死亡後期間	内容
①	『連合ニュース』、1998年12月9日「70代独居老人亡くなったまま発見」	男	78	釜山市	5日	4年前からひとり暮らし。何日間も電話に出ないことを不審に思った長男により発見。
②	『文化日報』、2003年1月4日「ひとり暮らし老人、死亡15日後発見」	女	64	釜山市	15日	息子と娘はいるが10か月前に夫が死亡してからひとり暮らし。妹により発見。
③	『連合ニュース』、2005年11月26日「70代独居老人、孤独な死」	女	72	仁川市	10日	再婚した夫と10年前に死別した後ひとり暮らし。近隣住民との交流なし。娘との行き来もなし。社会福祉士により発見。
④	『世界日報』、2006年1月11日「大雪に埋もれた独居老人死後7日ぶりに発見」	女	69	忠清南道舒川郡	7日	雪に埋もれているのを息子が発見。2004年に夫が死亡してから1人で農業をしながら生活。
⑤	『朝鮮日報』、2009年10月5日「80歳女性の孤独死、2か月ぶりに発見」	女	81	京畿道議政府市	2か月	3年前から家族と離れ1人でマンション暮らし。高血圧や関節炎。住民との交流なし。秋夕（中秋）に来た娘が発見。

(出所) 各報道資料から筆者が作成

---

3 オフィステル（officetel）とは、オフィス（office）とホテル（hotel）の合成語で、簡単な居住施設を設けている事務室を意味する。

ある。

　ほかにもさまざまなメディアで、独居老人の孤独死問題が取り上げられた。表2は、各新聞社が1998年から2010年までに報道した孤独死の事例を筆者が整理したものである。筆者が「死亡後期間」「孤独死」のキーワードで韓国の新聞を検索したところ、1998年が最初の記事であった。

　日本の孤独死と類似する事件が多く、発見が遅れて白骨化した状態で発見された例もあった。家族が第1発見者になるほか、親族ではない第三者による発見や通報も多かった。

(2)「KBSパノラマ―韓国人の孤独死」の事例

　表3は、「KBSパノラマ―韓国人の孤独死」で取り上げた事例を筆者がまとめたものである。KBSの番組では計7件の孤独死の事例が紹介された。

① 「死後5年経て発見された62歳女性」：死亡当時、寒波に見舞われていて分厚い服を9着も重ねていた状態だった。近所とのつきあいがなく、5年間発見されなかった。

② 「アルコール問題をもった視覚障害のある51歳男性」：第1発見者は、隣に住んでいる人だった。亡くなってから4日後に発見された。住んでいた部屋から、視覚障害者用点字本と視覚障害2級福祉カードが見つかった。

③ 「自殺後社会福祉士により発見された68歳女性」：死亡してから4日目に発見されたが、遺書が残されていた。縁故者は誰一人いなかった。慢性疾患（関節炎）とうつ病を患っていた。

④ 「脳卒中で死に至った60代男性」：近所の人が「悪臭がする」と消防署に通報し、発見された。冷蔵庫には何も入っておらず、ご飯を炊いた痕跡もなかった。

⑤ 「玄関の扉を開けていた56歳男性」：職をもたず、急性心不全により死亡。近所の人が「変な臭いがする」と警察に通報したケースである。

⑥ 「糖尿病を患っていた42歳男性」：約1週間前から姿が見えず、悪臭がすることから家主が通報。救急隊により発見されたという。彼は重い糖尿病で、歩くのも容易ではなかった。

第2章　韓国都市部における無縁社会問題

表3　「KBSパノラマ―韓国人の孤独死」事例

事例番号	発生日時	地域	性別	年齢	世帯構成	居住形態	死亡後期間	内容
事例①	2013年9月	釜山市	女	62	単独	借家	5年	・近所との付き合いなし
事例②	2013年9月	ソウル市	男	51	単独	賃貸マンション	4日	・第1発見者→隣部屋の住民（ベランダにできた穴から死体を発見） ・賃貸マンションで20年間暮らしたが、住民との交流はなかった。 ・視覚障害者（2級）→後天的
事例③	2013年8月	ソウル市	女	68	単独	賃貸マンション	4日	・第1発見者：社会福祉士 ・子どもなし、兄弟もなし ・慢性疾患・うつ病 ・自殺
事例④	2013年8月	大邱市	男	60代	単独	借家	注1	・脳卒中→ADL低下
事例⑤	2013年8月	全州市	男	56	単独	賃貸マンション	6日	・急性心不全により死亡 ・第1発見者：隣部屋の住民 ・隣との交流なし ・扉をいつも開けていた。 ・結婚経験あり（離婚）
事例⑥	2013年9月	ソウル市	男	42	単独	賃貸マンション	7日	・第1発見者：家主 ・ひどい糖尿→歩けない
事例⑦	2013年9月	釜山市	女	43	単独	賃貸マンション	17日	・肝臓の疾患により腹水がたまっていた。 ・経済的に厳しかった。 ・第1発見者：家主

注1）事例④については、死亡後期間について報道がなかった。
(出所)「KBSパノラマ―韓国人の孤独死」から筆者が作成

⑦「無縁故死亡者である43歳女性」：無縁故死亡者のケースである。無縁故墓地に葬られているが、名前はなく、番号だけが書かれている。死後17日が経過し家主により発見された。

(3) 『大韓民国における孤独死の現状と未来』の事例

2014年刊行の『大韓民国における孤独死の現状と未来』は、国会保健福祉委員長キム・チュンジンと教育放送局EBSの「ドキュプライム－家族ショック『青年、孤独死を語る』」の大学生取材チームが連携して、無縁故死亡者のケースを1つひとつ取材し生活歴を探って出した、まさに「韓国における

127

孤独死の現状と未来」である。

ここには、2013〜2014年に発生した計14件の孤独死事例が掲載されている。筆者が表4のようにまとめた。

① 「ゴミ屋敷状態だったベトナム戦争経験者の69歳男性」：隣人との交流はあまりなく、あいさつを交わす程度だった。部屋はゴミ屋敷状態で汚れていた。兄弟姉妹は存在していたが、連絡がつかなかった。

② 「アルコール問題により死に至った50歳男性」：縁故者には父と兄弟、甥がいたが、いずれも遺体引き取りを拒否し、無縁故死亡者になった。社会福祉士により、国民生活基礎保障制度の受給者であることが判明した。

③ 「糖尿病を患った結果、死に至った50歳男性」：記録上では未婚であるが、実際は離婚した男性である。糖尿病を患い片足を切断していた。縁故者には姉がいたが、彼から経済的に頼られていたこともあり、経済的負担から遺体の引き取りを拒否したという。

④ 「アルコール問題をもった基礎生活保護受給者の74歳男性」：結婚歴はなく、縁故者が誰もいないケースである。酒好きだったので、ほぼ毎日酔っ

表4 『大韓民国における孤独死の現状と未来』の事例

事例番号	出生年度	年齢	性別	縁故者有無	居住形態	遺体処理区	発見者	死亡死因
事例①	1945	69	男	有	賃貸	ソウル○区	近隣住民	肺がん
事例②	1964	50	男	有	賃貸	ソウル○区	友人	心臓麻痺
事例③	1964	50	男	有	―	ソウル○区	―	糖尿
事例④	1940	74	男	無	賃貸	大田○区	家主	転落死
事例⑤	1954	60	女	有	賃貸	―	家主	自殺
事例⑥	1966	48	男	有	賃貸	釜山○区	―	転落死
事例⑦	1960	54	男	無	賃貸	釜山○区	家主の家族	―
事例⑧	1969	45	男	有	―	ソウル○区	―	結核
事例⑨	1956	58	男	有	賃貸	ソウル○区	近隣住民	肺がん
事例⑩	1959	55	男	有	賃貸	慶尚南道	友人	急性心不全
事例⑪	1964	50	男	無	賃貸	春川市	知人	肝硬変
事例⑫	1948	66	男	有	施設入居	釜山○区	施設関係者	―
事例⑬	1973	41	女	有	賃貸	釜山○区	教会関係者	―
事例⑭	1963	51	男	有	賃貸	釜山○区	兄弟	―

（出所）キム・チュンジン、EBSドキュプライム「家族ショック」大学生取材チーム、2014『大韓民国における孤独死の現状と未来』をもとに筆者が作成

た状態だった。階段から足を踏み外して死亡したのを家主に発見された。

⑤「ホームレス生活の末、自殺した60歳女性」：2回の離婚経験があった。腰にひどい怪我をした後は駅でホームレス生活をして、支援センターの助けにより3か月間、国民生活基礎保障制度の住居支援を受けていた。しかし自殺により亡くなってしまった。近隣との交流がなかった。

⑥「アルコール問題により転落死した48歳男性」：事件当日も酒を飲み、足を踏み間違って3階から墜落したという。結婚歴はあるが、離婚後に家族と連絡が断絶し、子どもと元妻も遺体引き取りを拒否した。

⑦「白骨状態で発見された54歳男性」：家主が「5年前の白骨遺体発見」というニュースを見て気になり、確認したところ白骨の遺体で発見された。

⑧「結核を患い、障害のある弟がいた45歳男性」：縁故者として弟がいたが、障害があり経済的にも困窮していたため、無縁故死亡者として扱われた。

⑨「教会活動をしていた58歳男性」：縁故者はいるものの、何らかの理由により連絡が断絶されていた。教会から支援金をもらっており、教会活動はしていた。

⑩「友達に発見された基礎生活保護受給者の55歳男性」：基礎生活保障を受給しており、急性心不全で死亡した男性である。結婚歴がなく、縁故者もいなかった。近隣住民の話で、酒が好きだったことがわかった。

⑪「酒好きだった肝硬変の50歳男性」：肝硬変により亡くなり、1週間後に発見された男性である。未婚で縁故者もいないことから、無縁故死亡者になった。彼は基礎生活保障を受給していた。

⑫「シェルターに入所していた66歳男性」：ホームレス生活をして、シェルターで病死した男性である。糖尿病を患っていた。兄弟からの経済的支援が切れてからは、ホームレス支援のシェルターに入所して暮らしていた。

⑬「教会との関わりはあった41歳女性」：結婚歴はないものの、同居していた男性がいた。教会での食事支援があり、彼女が来なくなったことから協会関係者が家を訪ねたところ、死亡しているのを発見したという。

⑭「電気料金を滞納していた51歳男性」：兄弟により白骨状態で発見された。2011年4月から電気料金の滞納が続き、1年前から連絡がつかなかったという。

(4) 事例から見る「無縁性」の考察

前2項で紹介したKBSと『大韓民国における孤独死の現状と未来』の事例に共通する点を、放送局による分別された事例であることを念頭においた上で分析する。

1) 全般的総括

KBSと『大韓民国における孤独死の現状と未来』で取り上げた事例は、単独世帯と無縁故死亡者に限られている。第1発見者を見ると、親族に発見された事例はわずか1件で、そのほかは第三者に発見されていた。

孤独死した当時の年齢を見ると、中年男性が多い。両事例を合わせて21件中で、40代を含む中年（40代～50代）男性の事例は12件である。半分以上の割合で働き盛りの中年男性たちが孤独死していたのは特徴的である。

持病があったケースも多かったが、死因に孤独が影響していたのか、それとも元々の持病によるものなのかは分からない。

また、韓国で孤独死と名づけるときに「ひとり暮らし」であることを強調しているため、自殺も含まれ、孤独死ではない場合も孤独死と呼ぶケースがあった。

多くの孤独死事例は貧困と絡み合っている。貧困とともに、社会保障制度の国民生活基礎保障制度の利用者にも孤独死が発生している。加えて男性の場合は、アルコール問題を伴っているケースも多かった。

また、縁故者がいるにもかかわらず無縁故者となったケースがある。未婚、離別、死別、さらに経済的な要因などから無縁故死亡者になってしまっていた。ここに家族の解体、すなわち血縁の薄さ、無さが現われている。

社会的な関わりがあってもネットワークが薄く、孤独死してしまったケースもある。このような事例が地縁の解体ともいえる。

2) 韓国社会における「孤独死」の受け止め方と要素

韓国「無縁社会」における「孤独死」の受け止め方と要素を、以下のよう

に整理する。

① 「ひとり暮らし」

韓国においては「ひとり暮らし」に重点が置かれている。すべての事例が単身世帯である。

日本の研究では、孤独死はひとり暮らしだけでなく、どの世帯構成でも起こり得る社会問題として認識している。しかし韓国では、研究の段階としてまだひとり暮らしに注目しており、研究論文も、独居している高齢者の孤独死予防のための地域コミュニティづくり（キム・ユンシンのほか、2010）や単身世帯の増加（イ・ジンア、2013）に注目して書かれている。

また単身世帯のなかでも、対象の年齢層が高齢者中心になっている。日本で高齢者の孤立問題への本格的研究は1980年代以降であると河合は示している（河合、2009：43）。つまり、韓国の研究は欧米諸国や日本に比べて遅れているため、研究対象が高齢者に限られていることが分かる。

② 「自殺」

KBSと『大韓民国における孤独死の現状と未来』の事例に共通して見られるのは「自殺」である。韓国の孤独死事例件数と無縁故死亡者数に特徴的なのは、自殺を含んでいることである。

日本では額田（1999）が定義している孤独死を除いて、自殺を孤独死として認めていない。額田（1999）は自殺を孤独死に含め、「孤独死を緩慢な自殺」であると指摘している。

韓国では孤独死の意味が整理されていないため、意味の混同からいくつかの社会問題さえ孤独死のように見られることが多い。また、自殺に至った経緯における社会的孤立や経済的困窮などの要因から、1人で誰にも看取られずに最期を迎える点で孤独死と似ているが、厳密には、「自分の意思」により自死に至ったケースは孤独死と分けて数える必要がある。

③ 「孤独死」という用語の混同

韓国で何よりも緊急性の高い課題は、「孤独死」の意味が混同して使われ

ている現状の整理である。

　タウンゼント（1963）は、孤独は主観的であり孤立は客観的だ、といっている。すなわち、孤独と感じるのは当事者であり、孤立と感じるのは当事者を含む周りの人物であるといえる。

　韓国で孤立死という用語はまだ使われていないが、日本では厚生労働省が2008年から「孤立死」を使っている。「社会から孤立」して死を迎えた人に関しては、孤立死と呼ぶことが正しいと考える。

　韓国で使われている孤独死のなかには、「無縁死」「独居死」「病死」「自殺」の概念も含まれている。

　病死は、当事者が患っていた疾患により死に至ることである。独居死は文字通り「独居している」当事者が死に至った場合をさす。無縁死は、誰にも看取られずに亡くなる場合をさしている。

　ここで無縁死に関しては、社会的つながり（Connection）の意味が含まれている。「家族と地域、社会」からの縁（つながり）が薄まったり、弱まったり、切れていたりして、その結果として死を迎えることを意味している。

　したがって判断にあたっては、亡くなった環境だけで孤独死として確定するのではなく、亡くなる前の「生活歴」を把握し、その上に亡くなったときの環境の把握を重ね、孤独死であるのか孤立死であるのか、あるいは無縁死、独居死、病死、自殺であるのかを見極めるべきである。

④「経済的困窮」

　KBSと『大韓民国における孤独死の現状と未来』に紹介された事例にも、経済的困窮層が特に目立った。基礎生活保障の利用者に孤独死事例が多い。基礎生活保障の受給資格には該当しないボーダーライン層にも、同じく孤独死が見られる。

　新井（2014：75）は、「社会的孤立の要因」の関連図を示し、非正規化、失業などの要因から貧困・低所得問題につながり、介護保険サービスの未利用・利用抑制、住宅確保の困難、社会参加の抑制・拒否へ派生されていく、としている。

　日本において経済的困窮が社会的孤立問題へとつながると研究されたよう

に、韓国でも事例を通し、経済的困窮層が社会的孤立に陥り、孤独死や自殺、無縁故死亡者になってしまう構図が見える。

　大半の事例に経済的要因が関わっている。経済的困窮の状況でも家族・基礎生活保障、教会などの支援により生活を営んでいるケースもあったが、逆に経済的要因により家族、地域、社会から孤立したケースもある。韓国の孤独死と孤立を語る際、欠かせないことが貧困である。

⑤「生活破綻（生活後退）とアルコール中毒」

　小川（2013：71）は、援助が必要であるにもかかわらず「積極的に援助を求めない」「拒否的」な高齢者の状態と、社会的孤立と結びついて現れかつ公的な取り組みが必要な「生活後退」（セルフ・ネグレクト）が、社会的に孤立した高齢者の社会福祉援助が必要な生活状態である、と述べている。特に高齢者の生活悪化をさしている。生活後退としてよく見られる現象が、ゴミ屋敷である。

　また、孤立と貧困に関連してよく見られるのが、アルコール中毒である。アルコール中毒による転落死、墜落死、あるいは肝硬変で死に至ったケースが事例でも多く見られた。孤独を感じたり孤立しているほど、あるものに依存する傾向を現している。

　新井（2014）は、生活習慣病が要介護状態や病気あるいは不健康を生み、孤独死事例や緊急対応事例にあたる健康状態悪化やゴミ屋敷状態、生活後退、低栄養・栄養失調状態、高齢者の孤独・孤立などの社会的孤立につながる、としている。

3)「無縁性」への道筋

①「縁故者」→「無縁故者」：家族（血縁）の解体

　中国や日本と比べてより血縁性を強調するのが、韓国家族の特徴である。しかし、事例に共通して見られた要素が、その家族の解体であった。家族や親族のいる人でも、何らかの事情により無縁故者になってしまった。家族の規模が縮小し、核家族化と単身世帯の増加で、家族の絆も薄れている。

　また、結婚歴はあるものの、離婚や子どもがいないケースが多い。あるい

は、経済的な要因により血縁が切れてしまったケースもある。

　孤独死が発生すると、縁故者は義務として死亡者の葬儀を行わなければならない。しかし、家族あるいは親族が警察署に遺体引き取り拒否届を出したことで、亡くなった人は無縁故者となり、無縁故死亡者と名づけられたケースがある。また、親族がいなくて最初から遺体の引き取り手がなく、無縁故死亡者となった場合もある。

②「社会的つながりはあった」→教会・社会福祉士・近隣住民：地縁の解体

　事例中には、孤独死になってしまったとはいえ、生前の生活では地域との関わりやつながりがあったケースもある。社会との接点はあったことになる。

　表3の③は、社会福祉士との接点はあったが疾病や経済的困難から自殺に至ったケースである。同じく⑤では、いつも玄関を開けていた。重要なのは、下の階の人との関わりはあったものの、死後6日で発見されたということである。

　表4では、基礎生活保障や住居給与を受けた④、⑤、⑫に社会保障制度との接点はあったが、孤独死や自殺という結果になってしまった。⑨と⑬は、キリスト教の教会との接点があった。教会からの支援金を受けたり、教会の社会活動である食事支援を受けたり、教会生活をしていた。

　このように、地域コミュニティ（地縁）の解体・弱体化により、コミュニティの本来機能が薄まった。今後の地域での見守り活動や支援活動での課題が現われたのである。

おわりに

　韓国では「孝」あるいは「家族」、「縁」への思いが大きい。高度経済成長期以前の姿を「有縁社会」とすれば、いまは「無縁社会」になってしまった。

　しかしもう元に戻ることはできない。「KBSパノラマ―韓国人の孤独死」のなかで、孤独死事件を担当していた刑事は、縁故者すなわち家族・親族を

見つけることは犯人を捕まえるより難しい、といっている。

　時代的に孤独死は避けることはできなくなっている。問題は、1人で亡くなることではなく、亡くなる前の生活が孤立していたり、孤独の感情をもっていたことである。確かに、家族の不在、核家族化、未婚、離別（離婚）、死別などの要因が、孤独死が起きても短時間内に発見できないことにも影響を与えている。

　今後の韓国において現れる「無縁社会」はどのような姿であろうか。韓国では、家族や社会から断絶あるいは孤立された結果として起こる孤立死が、メディアを通して多く流されていくだろう。

（全　容佑）

文献
〈韓国語〉
- イ・ジンア、2013、「日本の経験を通してみた孤独死の予防と対策に関する探索」『社会科学研究』37（3）63-86
- キム・ユンシン、イ・チョルミン、ナムグン・ソンジュ、キム・ヒェギョン、2011、「独居老人の孤独死予防のための地域連絡網の効果性研究」『社会科学研究』第50集　第2号：143-169
- クォン・ジュンドン、2005、『老人福祉論』学士社
- ─────、2010、「孤独死予防のための老人見守りサービス強化案」『高齢者の孤独死防げないのか　討論会資料』51-69
- キム・チュンジン、EBSドキュプライム「家族ショック」大学生取材チーム、2014、『大韓民国における孤独死の現状と未来』キム・チュンジン議員室
- KBS、2014、「KBSパノラマ─韓国人の孤独死」2014年5月22日、2014年5月29日放送 http://www.kbs.co.kr/
- ジョン・スンドゥル、2001、「老人の家族形態と孤独感に関する研究」『韓国家族福祉学』第7号、255-274
- ジョン・スンドゥル、イム・ヒョヨン、2010、「老人孤独死の現況と課題：日本と韓国の比較」『高齢者の孤独死防げないのか　討論会資料』21-47
- パク・ミジン、2010、「貧困老人の社会的孤立が生活満足度に及ぼす影響」『韓国老年学』第30（3）号、895-910
- 『聯合ニュース』1998年12月9日記事 http://news.naver.com/main/read.nhn?mode=LSD&mid=sec&sid1=102&oid=001&aid=0004345242
- 『文化日報』2003年1月4日記事 http://news.naver.com/main/read.nhn?mode=LSD&mid=sec&sid1=102&oid=021&aid=0000014689

- 『聯合ニュース』2005年11月26日記事 http://news.naver.com/main/read.nhn?mode=LSD&mid=sec&sid1=102&oid=001&aid=0001159212
- 『世界日報』2006年1月11日記事 http://news.naver.com/main/read.nhn?mode=LSD&mid=sec&sid1=102&oid=022&aid=0000141145
- 『朝鮮日報』2009年10月5日記事 http://srchdb1.chosun.com/pdf/i_archive/read_body.jsp?ID=2009100500134&FV=고독사&searchPage=simple&collectionName=gisa&INDEX_FV=&INDEX_FV=TI&INDEX_FV=TX&INDEX_FV=KW&AU_FV=&PD_TYPE=false&PD_F0=year&PD_F1=20050101&PD_OP=1&PD_F2=20150522&DATA_SORT=2&LIMIT=20&LIST_TYPE=true&PP_F1=

（以上、ホームページはいずれも2018年11月10日取得）

〈日本語〉
- 新井康友、2014、「高齢者の生活と社会的孤立の現況」新井他編『検証「社会保障改革」——住民の暮らしと地域の実態から』自治体研究社
- 小川栄二、2013、「社会的孤立と行政」『社会的孤立への挑戦——分析の視座と福祉実践』法律文化社
- 河合克義、2009、『大都市のひとり暮らし高齢者と社会的孤立』法律文化社
- 河合克義・菅野道生・板倉香子 編著、2013、『社会的孤立への挑戦——分析の視座と福祉実践』法律文化社
- 厚生労働省、2008、「高齢者等が一人でも安心して暮らせるコミュニティづくり推進会議（「孤立死」ゼロを目指して）——報告書——」
  https://www.mhlw.go.jp/houdou/2008/03/h0328-8.html（2018年11月10日取得）
- Townsend, Peter, 1963, *The Family Life of old people An Inquiry in East London*. Pelican Books.（＝山室周平監訳、1974、『居宅老人の生活と親族網 戦後東ロンドンにおける実証的研究』垣内出版株式会社）
- 額田勲、1999、『孤独死 被災地神戸で考える人間の復興』岩波書店

第3章

中国東北部沿海地域都市部の空巣老人の生活問題

──大連市都市部の空巣老人の生活問題を中心に

はじめに

　中国はすでに、人口高齢化が急速に進行する時期に入っている。65歳以上の高齢者人口は2017年末に1億5,831万人に達し、総人口の11.4％を占めている（中国民政部、2018）。近年、高齢者の孤独化、年金問題、医療問題など、高齢者の老後生活に関わる問題が注目されつつある。

　2015年の『中国家庭発展報告』によると、空巣老人[1]の数は高齢者数全体の半分を占め、そのうち独居老人は全体の約10％、夫婦2人暮らしの高齢者数は全体の41.9％を占めている。空巣老人たちが直面する孤独化、老後の介護問題はより深刻であろう。

　一方、2010年第6回全国人口センサス調査では、東北部の沿海地域に位置する大連市の65歳以上高齢者人口が全市総人口の10.2％を占めており、空巣老人の数は52.5％を占めることがわかった。

　この章では、行政データと事例調査を通して、大連市都市部の空巣老人の生活問題に着目し、高齢者の年金、医療、余暇活動および精神の面から生活の実態を捉えていきたい。

---

[1] 中国の高齢者事情に関する用語については「中国本土における高齢者事情に関する用語の解説」（202頁）を参照されたい。

1. 中国都市部における「空巣家庭」問題生成の背景と原因

近年、中国都市部で「空巣家庭」が急増している。そのような家庭で暮らしている高齢者は空巣老人と呼ばれる。

表1　中国の65歳以上高齢者人口と高齢者扶養比率の変化

年	全国総人口（万人）	65歳以上高齢者人口（万人）	65歳以上高齢者比率（％）	高齢者扶養比率（％）
1990	114,333	6,368	5.6	8.3
1995	121,121	7,510	6.2	9.2
2000	126,743	8,821	7.0	9.9
2005	130,756	10,068	7.7	10.7
2010	134,091	11,934	8.9	11.9
2015	137,462	14,386	10.5	14.3
2016	138,271	14,933	10.8	15.0
2017	139,008	15,831	11.4	15.9

高齢者扶養比率：65歳以上人口対労働人口（男性16～60歳、女性16～55歳）の比率。
(出所) 中国国家統計局各年度統計データより筆者作成。

表1は、1990年から2017年までの中国の65歳以上高齢者人口と高齢者扶養比率の変化を示したものである。

1990年の「全国総人口」11.4億人に対して、「65歳以上高齢者人口」は6,368万人であった。2005年に高齢者人口が1億人を突破して、総人口の7.7％を占めるようになった。2017年には高齢者人口が1.6億人になり、「総人口に占める割合」は11.4％にまで増えていった。

空巣老人の増加の原因として、「家庭中の子供数の減少、居住方式の変化、住宅市場化と人口移動」（王延中、2014）が挙げられる。

以下、中国都市部で空巣老人が成り立つ背景と原因を概説していく。

(1) 産業化と都市化の進展による人口移動の変化

計画経済体制の時期には、都市部は工業生産を中心とし、農村部は農業生

産を中心とする役割分担が行われた。したがって、都市住民と農民の就業形態は固定化され、農民の都市移住を阻止する戸籍制度も設けられることで、都市と農村における二元化構造が形成されていた。

その後の市場経済体制の導入は農村部に、農業機械の普及による余剰労働力を大量に生み出した。そのため農民に対する都市部への移動制限が緩和され、都市部に出稼ぎする農民が1980年代から急激に増えてきた。その数は、1980年代初期の1,200万人から、2017年には2億8,652万人にまで達した（国家統計局、2018）。

また都市化の進展に伴い、小都市から大都市へ、内陸部から沿海地域へと、都市部で移動する人口も増えている。

このように、社会の経済発展に伴う人口移動の拡大は、都市部と農村部のそれぞれに空巣家庭をつくり出し、空巣老人もますます増え続けると考えられる。

(2) 計画出産政策がもたらす家族形態の変化

計画出産政策の実施は、少子高齢化に拍車をかけただけでなく、家族構成の変化にも直接影響を及ぼした。特に都市部では、従来の3世代同居の大家族の姿が急速に消えていき、代わりに老夫婦のみの家庭、夫婦と子ども1人という核家族が一般的な世帯構成になってきた。

このような事態は、これまで形成された家族扶養の仕組みにダメージを与える結果をもたらした。つまり、子どもによる高齢者の扶養は、計画出産政策実施前までは可能であったが、計画出産政策の実施で世帯構成が4：2：1（祖父母4人：親2人：子ども1人）にまで変化すると、個別世帯の家族による扶養がますます難しくなると考えられる。

(3) 子どもと親の別居による空巣老人の増加

中国には戸籍制度による厳しい制限があり、個人の就労あるいは大学進学などによる地域移動が簡単にできない時代があった。

社会の進歩に伴って戸籍制度の制限は緩和されつつあり、人々の就労と進学の地域移動はより自由になってきている。これによって、従来の親と子の同居家庭に影響が現れている。その影響の1つとして、空巣老人の増加があげられるのであろう。

2. 中国都市部における空巣老人の生活問題

中国の高齢者は、貧困・疾病・老化・高齢者サービス・介護・メンタルケアなどさまざまな面で、困難や問題に直面している(『人民網日本語版』2013年2月28日付)。中国全国老齢工作委員会弁公室[2]は、空巣老人の直面する問題として、生活保障、日常ケア、精神的ケアの3点を指摘した。

ここでは、高齢者の年金、医療、精神的ケアの3つの側面から、空巣老人の老後生活にもたらされる問題を明らかにする。

(1) 高齢期の年金収入により生じる経済格差

中国では年金制度として、都市部の基本養老保険制度(日本の年金制度に類似する)と農村部の養老保険制度が存在している。しかし、日本のようなすべての国民を対象とする皆年金制度はない。

また都市部では2014年10月まで、公務員(行政・事業部門)のための公務員年金制度と、企業従業員のための企業年金制度が設けられていた。2つの年金制度は保険料の負担者と負担率が異なっている。企業年金制度の保険料は雇用先(賃金の20%)と個人(賃金の8%)が負担するのに対し、公務員年金制度の保険料は雇用先のみの負担で、個人は負担する必要がない。さらに、この2つの年金制度は支給される年金額と手当が大きく異なるため、定年退職者の生活に経済的な格差を生み出している。

2014年10月から全国の都市部で、公務員年金制度と企業年金制度を一本

---

2 中国全国老齢工作委員会弁公室:全国老齢工作委員会弁公室と中国老齢協会の総称。

化する（都市従業員基本養老保険）改革が行われている。この改革の目的として、公務員年金に対する全額政府負担の軽減および定年退職後の年金額の格差解消があげられる。一方、改革と同時に、公務員を対象に、職業年金制度が設けられている。保険料は雇用先（賃金の8％）と個人（賃金の4％）が負担する。また、職業年金基金は基本養老保険基金の社会プール基金の管理と異なり、個人口座基金の管理となっている。

このため、二本立ての年金制度は一本化されるにもかかわらず、新しく追加される公務員対象の職業年金制度は今後、企業で定年を迎える人々との間で新たな年金格差問題を引き起こす可能性が否定できないであろう。

(2) 基本医療保険制度により生じる医療問題

中国には、都市部従業員の基本医療保険制度と農村部の新型農村合作医療制度が存在している。

都市部従業員の基本医療保険料は雇用先と個人が負担する。納付した保険基金は社会プール基金と個人口座基金にそれぞれ入れる。社会プール基金は主に入院費用と慢性病の治療費用の支払い給付に用いられる。また、支払い給付金は最低と最高の給付額が定められている。個人口座基金は薬の購入と一般外来診察の費用に充てられる。

定年後、基本医療保険の待遇を受けるには、定められた納付期間を満たす必要がある。納付期間は地域によって異なり、最低10年間は保険料を納付する必要がある。この納付期間を満たすと、定年退職後は保険料を納付する必要がなくなり、無料で基本医療保険の待遇を受けることができる。

都市部従業員の基本医療保険制度は、公務員と企業従業員で保険内容が異なっている。さらに、医療保険制度自体は地域によって異なるため、大連市を例にして述べる。

表2で示すように、公務員の医療保険と企業従業員の医療保険は保険金納付比率、個人口座基金への保険金の還付比率、入院費の個人負担率などに、大きな違いが存在している。こうした医療保険制度の違いは、公務員と企業従業員、そして定年後の高齢者の間に医療格差を引き起こす要因であろう。

表2　公務員と企業従業員の基本医療保険制度の比較（大連市）

保険制度		保険の種類	
		基本医療保険（公務員）	基本医療保険（企業従業員）
負担と給付の概要	保険金納付比率	(雇用先)賃金の15％＋(個人)賃金の2％	(雇用先)賃金の8％＋(個人)賃金の2％
	個人口座への保険金の還付比率	45歳以下5.3％、45歳以上5.8％、定年後8.5％	45歳以下2.8％、45歳以上3.3％、定年後6.5％
	入院費の最低給付額	1級150元、2級250元、3級425元、他地域750元	1級300元、2級500元、3級850元、他地域1,500元
	入院費の最高給付額	不明	年度額25万元
	入院費の個人負担率	1級2％、2級2.4％、3級3％	1級10％、2級12％、3級15％
	保険金給付対象の慢性病の数	不明	高血圧、糖尿病、肺結核など31種類＋重症6種類

(注)　為替レート1元≒16.22円（2018年8月10現在）。
(出所)　大連市のある大学の教員医療保険待遇を参考にして筆者が作成。

(3) 精神的ケア需要の高まり

　人口政策の影響と地域移動の緩和によって、中国の空巣老人は増え続ける傾向が見られる。空巣老人になる年齢は若くなり、空巣の期間もより長くなることが考えられる。

　これに応じて、空巣老人の直面する問題は経済問題と医療問題のほか、精神的ケアも無視できなくなる。加齢に伴う病気の発生、定年退職後の社会適応能力の低下、子どもとの交流の少ない日常生活などを原因として、孤独、不安、落ち込み、憂鬱のような心理的・精神的問題が引き起こされる可能性は十分あり得る。

　マスコミで空巣老人の孤独問題、自殺問題がよく取り上げられ、同時に社会問題として注目されている。

3. 事例調査から捉えた大連市都市部の空巣老人の生活問題

　中国都市部の空巣老人の生活問題をより具体的に把握するため、筆者は中国東北部沿海地域都市部大連市に着目し、65歳以上の空巣老人を対象にイ

ンタビュー調査を行った。

(1) 大連市の概況と高齢者事情

　大連市は中国の東北部に位置し、総面積は1万3,238km²、2017年末現在の人口は594.9万人である（大連市統計局、2018）。大連市政府は7つの区（市街地にある西崗区、中山区、沙河口区、甘井子区と郊外にある旅順口区、金州区、普蘭店区の3区）、1つの県（長海県）、2つの県レベルの市（瓦房店市、荘河市）を管轄している。

　2015年末時点で、大連市の65歳以上高齢者人口は92.1万人、全市総人口の13.2％を占めている（大連市統計局、2017）。実際、大連市は全国より13年も早く高齢化社会に入った。1987年に大連市の60歳以上人口はすでに10％を超えていた。

(2) 大連市都市部の空巣老人の生活実態

　調査は2017年9月6日から18日にかけて、大連市の都市部で行った。調査対象者を企業年金生活者・公務員年金生活者・無年金生活者（都市最低生活保障金の受給者）の3つのタイプに分け、15名の高齢者から話を聞いた。
　ここでは3名の事例を通して、空巣老人の生活実態および生活問題を明らかにする。

1) 事例1：孤独のなかで生活し続ける空巣老人（企業年金生活者）

　Aさん、男性、70歳、妻68歳。子は息子2人、北京定住。空巣状態は10年近くになる。
　定年前の2人はある電子研究所の研究員であった。現役時の2人の収入はそこそこあり、経済面で比較的豊かであった。定年後も公務員並みの年金額を受給している。夫婦はともに旅行が大好きで、定年後もしばらく国内旅行を楽しんでいた。
　しかし、2015年から夫婦の健康状態が少しずつ衰えてきた。Aさんは心臓

病を患い、妻は重い高血圧症を患っている。病気のために旅行をあきらめたことから、夫婦の生活は変わった。互いの服薬チェックを日常的に行う。もし1人が病気で倒れたらもう1人も倒れると、夫婦は理解し合っていた。

　心配しながら生活する日々が続いていたある日、Aさんは心臓病で入院した。翌日、妻も心配で倒れて入院した。退院後、息子たちのすすめで保母[3]（家事全般と簡単な身体介護をする人）を、月4,000元（約6万4,000円余）で雇ってみた。4人の保母を試したが、Aさん夫婦の期待と実際の仕事ぶりとの格差が大きかったため、雇うのはやめた。

　息子は2人とも北京でマンションを購入していたが、Aさん夫婦と同居するつもりはなかった。Aさんは一度は北京に移住することも考えたが、移住しても息子たちと別居することになるため、空巣状況は変わらないとわかって移住をあきらめた。

　2度目の共倒れにならないよう自らの健康状態を考慮し、Aさん夫婦は高齢者施設に入所することを考え始めた。

2）事例2：病気とたたかう定年後の生活（公務員年金生活者）

　Bさん、79歳、女性。中年離婚、子は息子と娘の2人。定年前は大学の教授であった。息子は別の都市でフリーターをしており、娘は公務員でBさんの近くに住んでいる。Bさんはひとり暮らしのため、買い物をする以外は普段ほとんど外出しない。

　69歳のとき、外出先で転倒して足を骨折した。病院で手術をしたが、治らずに寝たきりになってしまった。それからの日常生活が困難で、保母を雇うことになった。24時間ベッド上での生活は不自由であるが、仕方なく何とか慣れてきた。

　寝たきりになってからの約10年間に、7人の保母を入れ替えた。Bさんは娘に介護してほしいと思っているが、娘は現役の公務員でBさんの介護をす

3　保母：保母は中国の一般的な言い方である。正式には家政服務員と呼ばれている。仕事内容は、日本のベビーシッターやホームヘルパーなどの資格をもつ人の仕事と同様だが、保母は資格がなくてもサービスを提供することができる。簡単な職業訓練を受けてから仕事に就くのが普通である。契約は個人の間で商談することも、仲介会社（保母は会社で登録する必要がある）を通して契約することもある。

るのは難しい。そのためBさんは娘に強くは頼めず、保母を雇うしかない。

　ベッド上の生活はBさんにとって、精神的、肉体的に二重のプレッシャーがかかっている。ストレスがたまったせいかだんだんと、穏やかだった以前の性格から最近は怒りやすくなったり、保母とも喧嘩をしやすくなったりしている。夜も眠れない日がよくあり、悲しくて1人で泣いてしまうこともたびたびであった。

　こうしたことをいろいろと考えた末にBさんは、もう一度歩けるようになれば性格も戻るのではないかと考えた。

　4年前には、新聞の広告を見てサプリメントとリハビリ治療に夢中になり、大金を使ってしまった。そのときは広告の内容を信じ込み、娘から指摘されても聞く耳をもたなかった。「大学教授だったから簡単にだまされないはずなのに、その時期は広告の内容を疑わなかった」Bさんは、そんな自分をいま振り返ってバカバカしかったと思っている。

　その後、Bさんの代わりに娘が金銭管理を始めた。二度とだまされないように、Bさんの貯金と年金受給のカードを娘のところに置いている。

　Bさんは子どもとの同居を考えたことがある。しかし、フリーターをしている息子は収入も安定しておらず、「外でがんばりたい」といい続けている。娘は公務員なので収入は安定しているが、いっしょに生活しても日中は相変わらず保母と過ごすしかない。

　こうしてBさんは、子どもとの同居をあきらめた。

3) 事例3：健康第一の日常生活（無年金生活者）

　Cさん、男性、76歳。無年金生活者でひとり暮らし。政府から毎月670元（約1万円余）の最低生活保障金を受給して生活している。息子夫婦はハルピンに定住しているため、1年のうち正月しか会えないようである。

　Cさんは38歳のときに妻と離婚し、両親と同居しながら短期の仕事で息子を育ててきた。定職につかなかったため収入は安定せず、もちろん医療保険にも年金にも加入していなかった。そのため、両親といっしょに生活するのは息子を育てるための唯一の選択肢であった。

　両親が亡くなり、Cさんも高齢になって、さらに息子が結婚してハルピン

に移住すると、毎月670元の最低生活保障金だけでのひとり暮らしは、本当に大変だった。買い物は生活必需品しか買えず、食料品も朝市で一番安い野菜や果物を買うことしかできない。肉や魚は月1回。外食もできず、漬物と米がメインの食事を取っている。

　食べることは何とかなっても、病気になるのは一番怖い。医療保険に入っていないため、病院では自分で医療費を払わなければならない。だから病気になってもまずは家で我慢し、様子を見ながら薬局で薬を買って飲んでいる。

　風邪から肺炎を起こして、2年前に一度入院した。わずか3日間の入院で1,300元（約2万円余）ほどかかってしまった。貯金のないCさんにとっては2か月ほどの生活費に相当する。自分では払えず、息子に伝えて支払ってもらった。しかし「病気になって、お金がかかり過ぎだ」と怒られ、息子は正月にも会いに来なくなった。

　それからCさんは何よりも健康を第一に考え、二度と入院しなくてもいいように気をつけている。しかし、いつどんな病気にかかるかわからない。毎日心配しながら過ごしている。

(3) 大連市都市部の空巣老人の5つの生活問題

　15人のインタビュー調査を通して、大連市都市部の空巣老人の生活問題を次の5点にまとめることができる。

1) 年金格差による就労の差

　企業年金者は基本的生活水準を保つことができるが、子どもの結婚や親の扶養などで支出が多くなると負担できなくなる。そのためリタイヤしても、年金の補てんと生活費・医療費のために再就職する人が多い。

　しかし、学歴社会とキャリアの要請から若者志向の就労先が増え、専門性や技術性のない人は、定年後の再就職の幅が限られている。女性は家事手伝い、街とマンション廊下の清掃員など、男性は夜の警備員、暖房季節の短期仕事、ごみ収集・袋詰めの作業員などが、それぞれ一般的である。

　一方無年金者は、企業年金者と同じ上記職種の仕事をしているか、最低生

活保障金を受給しつつ短期の仕事に就く（最低生活保障金を受給するのに収入制限がかかるため定期の仕事はできない）のが一般的である。

　Ｄさんは68歳、月2,600元の企業年金を受給し妻と２人暮らし。妻の年金月2,100元と合わせて4,700元（約７万5,000円余）だが、２人とも再就職している。

　息子は３年前に結婚してマンションを購入したが、毎月3,000元（約４万8,000円余）の住宅ローンはＤさん夫婦が返済している。息子はサラリーマンで月給3,000元程度、その妻は子育てのために仕事を辞めた。息子夫婦に貯金はないが、子どもは２人ほしいといい、子どもの養育費もＤさんが出している。

　「僕のような家庭はたくさんあるよ。２人の年金は１人の公務員年金額より少ないが、僕たちより少ない人も近くに多くいる。息子にお金を出しているが、子どもは１人しかいないから、役に立つことがあれば何でもするよ」

　とＤさんは語った。

2）医療保険制度の違いによる健康の差

　現役時代に存在しなかった問題が定年後に出てくるケースが多い。企業年金者の場合は重病になると医療費負担が重く、子どもの経済支援がないと基本的生活水準を維持することさえ難しくなる。

　都市部では、年金制度とセットで医療保険制度の加入が強制されている。しかし、企業医療保険から支給される医療費は低く、個人負担の比率が高い。特に入院や慢性疾患になった場合、公費負担が少ないため、医療費の支出で貧困に陥ってしまうことになる。

　一方、公務員を対象とする医療保険制度は、医療費の公的負担率が高く、企業年金者より優遇されている。入院や手術は保障があり個人負担が少ない。さらに、年に１回の無料定期健康診断があるため、病気の早期発見、早期治療および健康維持に役立っている。

　82才のＥさんはひとり暮らし。企業年金を受けているが、慢性疾患による入退院の繰り返しで年金を使い切ってしまった。子ども２人からの経済援助がないと生活を営めない状況である。

　「入院費は医療保険から補助される部分もあるが、病院の医療制度改革で自費の項目がだんだん多くなり、入院するたびに費用が増えてしまう。

いつも4人部屋に入っているので、同じ部屋に入院している人の状況もそれぞれ異なっているのがわかる。公務員年金の人は私のような企業年金者より高い年金をもらっていると同時に、医療費の公的補助も多い。なので、公務員年金の人は入院してもあまり入院費を心配する必要がない。

我々の現役の時代は、企業の人でも公務員の人でも同じように働いていた。なのに定年退職した後、年金も医療補助もなぜここまで違うのか。さらに、無年金者は公務員年金者と真逆だ。年金もなく医療補助もない高齢者は、病気で入院する場合、子どもに頼るしかなくて、高額な借金を抱えて治療する人もたくさん見た。人生って本当に不公平だ」

とEさんは不満をもって語った。

3）一人っ子親の寂しさは倍である

一人っ子政策は見直され、2016年に幕を閉じた。それとともに、一人っ子の親たちの大部分は定年退職した。年金生活によって一定の経済的余裕はあるが、暇な毎日を過ごしている。子どもの不在は親たちにとって、寂しさを増す要因であることがうかがえる現状である。

Fさんは、一人っ子の親であり、全力を尽くして息子を育ててきたが、その息子は結婚して別居することになった。夫と2人の生活になり、普段はテレビばかりを見てぼーとする日々が多く、寂しい。寂しさを紛らわすために友達と外出するが、家に帰るとまた寂しくなる。

「息子夫婦が月1回、孫を連れて家に帰ってくるのが一番の楽しみだ。孫は私の生きがい。孫と離れるとすぐに会いたくなり、息子の家に会いに行きたいが、邪魔になると思って我慢していた。息子以外にもう1人、子どもを産めばよかったかもしれない」

と、ため息をつきながらFさんは語った。

4）健康ブームにのった詐欺的商法にだまされやすい

中国では、いかにして長生きするかと健康を重視する高齢者が多くなってきている。公的医療保障があるにもかかわらず、がんなどの重病に罹った場合は経済的困難に陥りやすくなるため、民間あるいは商業保険に加入する高

齢者が増えている。

　一方近年、重病にならないための早期予防として、サプリメントの愛用者が驚くべきスピードで増えている。健康志向が高いだけでなく、自分は子どもに迷惑をかけたくないと考える高齢者は多く存在している。

　それらの高齢者をターゲットに、サプリメントや健康食品に似せた商品が出回っており、病気の予防や治療効果があるといいながらお金をだまし取るグループが急増している。

　Gさんの話によると、最初は「粗品のプレゼントがある」といって引換券を渡される。そして、ある場所（ホテルの会議室や住宅街の空き店舗のような大人数が入る広いところ）に案内され、健康に関する講習会に参加させられる。さらに日用品や食料品などが無料で配られた後、名前もほとんど知らない高額な健康食品やサプリメントが紹介され、その場で売り込みが始まる。あるいは購入者を得した気持ちにさせるため、たくさんの安物をプレゼントしたり格安旅行に連れて行ったり、巧妙な手口で高齢者をだまそうとしている。

　「詐欺グループと同じように感じるが、多くの高齢者に信じられている。嘘を見抜く能力をもってないのか。わずかな年金で暮らしているにもかかわらず、何か月分もの年金を使って高額商品を買うのは不思議に思う。高齢期になって思考力も低下してしまい、子どもも身近にいなくて相談できないから、だまされても仕方がないのだ」

　とGさんは語った。

5) 精神的ケアが必要とされる

　空巣老人にとって、加齢とともに身体が不健康になり、判断力・理解力の低下は避けられないので、家族による理解がより重要になると思われる。

　Hさんは69歳の女性、現役時代は警察官であった。5年前に夫が病気で亡くなり、かなりのショックを受けた。その後ひとり暮らしになったHさんは、次第に言葉が少なくなり、外出もほとんどせず、家で引きこもるようになった。

　一人娘は週1回会いに来るが、Hさんはそのたびに大泣きして精神的に落ち着かない状態が続いた。ときどき体の不調も訴えていた。娘は母の病気が心配で病院に連れて行き、何度も診察してもらった結果、うつ病と診断され

た。専門の病院に行くまでに時間がかかったので、Hさんのうつ病はかなり進行していた。

それから入退院を繰り返す生活が始まった。現在、Hさんの状態は安定しているが、1年のうちの半年は病院で過ごしている。

「私のようなうつ病の高齢者は、専門病院に行くとたくさんいる。みんな何らかの原因でストレスがたまり、ショックを受けてうつ病になったようだ。6階建てで収容人数300人ほどのうつ病専門病院には、若い患者もいるが、入院者の大半は高齢者だ。

一度うつ病になると、生涯この病気とつき合わなければならないといわれた。嫌だが受け止めるしかない。夫の死とひとり暮らしの寂しさは、私がうつ病になるきっかけだ。いまも家に帰ると孤独を感じるが、入院するまで我慢している。入院生活で仲間ができたが、私のような人はけっこう多く、精神的ケアがもっと必要とされる高齢者たちの集まりだ」

とHさんは語った。

おわりに

行政データと事例調査によって、中国都市部における空巣老人の生活問題を考察した。その結果、空巣老人の生活問題として、年金収入により生じる経済格差、異なる医療保険制度により生じる医療問題、精神的ケア需要の高まりの3点を指摘することができた。

しかし、今回の調査は地域と対象者の数に限りがあるため、データとして十分とはいい難く、中国の1つの地域の空巣老人の生活問題を反映した内容に過ぎないと思われる。都市部では類似する地域もあるが、事情がまったく異なる地域はもちろん多数存在している。

それを十分に認識した上で今後、農村部の空巣老人の問題も視野に入れながら、中国全体の空巣老人の生活問題について捉えていきたい。

（徐　玲）

文献

- 王延中、2014、『中国社会保障発展報告（2014）社会保障与社会服務』社会科学文献出版社、3
- 遼寧省統計局、2017、『遼寧統計年鑑2016』中国統計出版社
- 国家衛生計生委家庭司、2015、『中国家庭発展報告（2015）』中国人口出版社
- 尤元文、2014、『老齢問題与養老工作資料選編（第二輯）』中国経済出版社
- 戈舟、2014、『空巣：我的養老誰做主』陝西新華出版伝媒集団太白文芸出版社
- 徐玲、2013、「中国都市部における産業労働者層の階層性と老後生活問題―国有企業定年退職者と農民工に着目して―」立命館大学大学院社会学研究科2012年度博士論文
- 中国民政部、2018、「2017年社会服務発展統計公報」（2018年8月15日取得、http://www.mca.gov.cn/article/sj/tjgb/）
- 大連市統計局、2018、「2017年大連市国民経済和社会発展統計公報」（2018年8月15日取得、http://www.stats.dl.gov.cn/index.php?m=content&c=index&a=show&catid=52&id=12180）
- 国家統計局、2018、「2017年我国農民工監測調査報告」（2018年8月15日取得、http://www.stats.gov.cn/tjsj/zxfb/201804/t20180427_1596389.html）
- 大連市統計局、2017、「大連市人口老齢化現状分析及対策建議」（2018年8月15日取得、http://www.stats.dl.gov.cn/index.php?m=content&c=index&a=show&catid=48&id=11826）
- 大連市統計局、大連市人力資源和社会保障局、2016、「2015年大連市人力資源和社会保障事業発展統計公報」（2018年8月15日取得、http://rsj.dl.gov.cn/政務公開/計画総結/統計公報/Pages/2015年大连市人力资源和社会保障事业发展统计公报.aspx）
- 国家統計局、2012、「中国2010年人口普査資料（全国人口センサス調査データ）」（2018年8月15日取得、http://www.stats.gov.cn/tjsj/pcsj/rkpc/6rp/indexch.htm）
- 『老齢新聞』2014年6月12日付（2018年8月3日取得、http://www.cncaprc.gov.cn/contents/2/3883.html）
- 『人民網日本語版』2013年2月28日付（2018年8月3日取得、http://j.people.com.cn/94475/8147675.html）

第2部　北東アジアにおける高齢者の生活課題と社会的孤立問題の現状

第4章

中国東部沿海地域都市部における空巣老人の生活

はじめに

　中国における人口の高齢化は東から西に進んでいく特徴がある。高齢化は経済発展を遂げている東部沿岸地域から始まった。中国の東部沿海、経済の発達した都市部（上海、浙江省、江蘇省など）では「空巣化」が早く進んで行く状況にある。

　1978年以降の改革開放政策による「工業化・都市化」の進展とともに、就労のために地域から転出する人、就学、結婚するために高齢の両親と遠く離れて暮らしている人が多くいる。出稼ぎ者が頻繁に帰省するには、交通費・距離・時間が大きな壁になっている。

　こうしたことが原因で、都市部における独居老人や高齢者夫婦のみによる空巣老人[1]が増えており、養老過程[2]での日常生活と精神面の充足が課題となってきている。

　加えて、現在第1世代の「一人っ子」たちの親が高齢化を迎えつつある。儒家思想の影響で、家族が責任をもって親を扶養する家庭養老という養老方式[3]は、中国人の伝統的な価値観であり、それは今日も人々のなかに根づい

1　中国では高齢者夫婦のみ世帯、高齢者独居世帯は、「空巣老人」、「空巣家庭」と呼ばれる。
2　「養老過程」とは、老後生活を送ることまたはその過程の意味。
3　「養老方式」とは、老人をいたわり養う方式の意味。

ている。

　しかし今日、家庭養老方式は「失独」(一人っ子が予期せず死亡し両親を養えない問題になる現象)などにより崩壊し始めている。また、価値観の変容と多様化によって、老親との同居を希望しない人、老親の扶養に関心を払わない人も増加している。さらに今後一人っ子世代が婚期を迎え、親との別居が進めば、空巣家庭が増えることが予想される。

　こうした状況のもとで近年、空巣老人について、その数や扶養問題は取り上げられてきた。しかし、空巣老人の生活実態や養老意識[4]について焦点をあてた調査はあまり見られない。

　そこで本章では、空巣老人が増加している中国沿海部の浙江省都市部での老後生活実態に焦点をあてた調査をもとに、日常生活面と精神面の両面から現状について述べる。

1. 都市部における空巣世帯の形成要因と実態

(1) 現在の空巣家庭の形成要因

1) 個人的要因

　中国では社会近代化[5]の発展とともに、現代生活様式の変化により、人々は個人意識が強くなる一方、生活の質(QOL)と自由を重視する(陳建蘭、2008)ようになっている。

　子どもの側から見た場合、ほとんどの若者たちは自分の独立した生活空間を求める。世代間の考え方の間には、生活意識、生活習慣、生活様式などにいくつかの差がある。できれば親と別居したい若者は多い。

　親の側を見た場合、1人で生きていたいと考える高齢者は少なくない、といわれる。退職後の生活はより多くの自由と自律性をもち得るし、特に低齢

---

4 「養老意識」とは老人をいたわり養う意識、老後生活の送り方についての考え。
5 「近代化」とは、中国政府当局が1970年代の末期から推進した経済面での「改革開放」によって生まれた社会の変化のことをさす。

老人（60歳から65歳の高齢者）の場合は身体状況がよくて自分の身の回りのこともでき、精神的な生活も豊富になり得るからである。

このような経済的に独立できる高齢者は、子どもたちと別々に暮らすことを望んでいる。そして、一定数の高齢者は長い間に近隣関係を築いており、自分が慣れたところに住み続けるため、地域から出て子どもといっしょに暮らすことは望まないというものである。

2) 家庭的要因

一方、一定数の高齢者は、内心では子ども世帯といっしょに暮らすことを望むのだが、世帯間のライフスタイル、価値観にギャップがあることを心配した結果、子どもと別居することを選ぶ人々がいる。子どもたちは仕事、生活が忙しく、高齢者は彼らの負担にならないようにするために、別居する場合もあるのである（李瑞芬、蒋宗鳳、2006）。

また、「親孝行」という考えをもたない子どももいる。子どもが親の面倒を見たくない場合、高齢者は空巣の生活しか選べない、との指摘もある。

3) 社会的要因

中国には、子どもが高齢の親の世話をすること、親から遠く離れないことや大家族でいっしょに住むという伝統的な思想がある。しかし、都市化と核家族化に伴い、このような思想は次第に薄らいできた（李瑞芬・蒋宗鳳、2006）。

現代社会では都市化の進展により、就学や就職のために地域を出て親のそばから離れる若者が増えるなど、人口の流動化は加速している。「いい教育と仕事」を求めるため、若者たちはほかの大都市ばかりでなく外国をも含め、遠くに長期間住むようになっている。

近くに住んだとしても、子ども世代の多くは男女ともに仕事があり、忙しくて親の世話の時間が取れない、親の介護を担う家族が家にいない、という状態が日常化していることが考えられる。

また、経済力や時間の限界から、親より自分のことを優先せざるを得ないことなども、ネット上ではいわれている。

(2) 空巣老人の生活に関わる問題点

「中国高齢事業発展第12次5カ年計画」[6]の調査・統計データによると、中国都市部に住む高齢者だけの空巣家庭は2011年、全家庭のほぼ半分に相当する49.7％に達した。「第12次5カ年計画」期には高齢者人口増加の最初のピークを迎えたことから、中国の人口高齢化がさらに加速されることになる。

「未富先老（豊かになる前に老いる）」や「未備先老（老後の準備が整う前に老いる）」といった現象が日ごとに顕著になっている。中国の高齢者は、貧困・疾病・老化・高齢者サービス・介護・メンタルケアなどさまざまな面で、困難や問題に直面している。さらに、空巣化の進行とともに社会的養老保障[7]と高齢者サービスの需要が急増している。

「一人っ子政策」の影響で1組の夫婦で4人の親の面倒をみるという社会構造への変化が進んでおり、現在は第1世代の「一人っ子」たちの親が高齢化を迎えつつある。中国の伝統だった家庭養老体制が徐々に崩れつつある現実となっている。

1）日常生活と精神的ケア

全国老齢委員会弁公室[8]の統計によれば中国では、生活面での自活が部分的に、またはまったくできない高齢者が高齢者全体の3分の1を占め、そのなかで空巣老人の数が多数となっている[9]。

都市部における空巣老人は養老保険金[10]を受けている一方、子どもからの仕送りと援助がある人も少なくないので、日常生活面のケアが最も大きな要望と思われている。特に高齢期になった空巣老人には、日常生活のケアの需

---

6 「中国高齢事業発展第12次5カ年計画」：人口高齢化に積極的に対応し、高齢者事業の発展を加速するために、中国政府が2011年に発表した。期間は2011～2015年。
7 社会的養老保障：中国では1993年から社会保険制度がスタートし、日本の老齢年金に相当する養老保険の制度も始まっている。
8 全国老齢工作委員会弁公室は国務院により、全国老齢支援事業の議事と協調機構である。1999年10月北京に設立された。「弁公室」とは弁事機構（事務を取り扱う機構）の意味である。
9 「2015年空巣老人生活調査報告」報告網、2015年10月26日。
10 日本の老齢年金に相当するもの。

要が大きいと見られる（陳建蘭、2008）。

　近年、子どもの関心と経済的支援の不足により、空巣老人が詐欺事件に巻き込まれたり、うつ病になった結果自殺したりすることが社会に注目されている。また、東部沿海地域都市部における高齢者世帯の孤独死事件が、続けてニュースで報道されている。

　空巣老人は、体の衰弱、個人的生きがいの喪失、子どもからの関心の欠乏などが原因で、生活に希望を失う。空巣老人は身体的な自立が弱くなるとともに外出頻度も減り、社会活動も少なくなるので、心理的に孤独感が強まる。生活の世話をする人がいない場合、空巣老人は病気や緊急事態について不安を感じる、と鐘仁耀は述べている（鐘仁耀、2004）。

2) 社会保障

　経済社会の発展とともに社会保障体制が改善されてきたといわれる現在、中央政府が2012年に公表した「高齢者人口状況調査」[11]によると、高齢者の医療保険加入率は95.3％、社会養老保障（退職金や養老金）のカバー範囲も都市部では84.7％に達しており、1年の平均収入は1万7,892元（約22万円）[12]となっている。

　都市部の高齢者は、基本的な生活面は保障されているが、養老支出[13]の面には大きな格差がある。多くの高齢者は、受給する養老保険金で養老施設の費用と医療に関する追加費用を負担できない（劉峰、鄧子綱、2012）。

　また近年、都市部に住む空巣老人のなかで、経済面と医療面で困難がある特別な高齢者と「三無老人」[14]に対する養老保険と医療保険の改革がある。最低生活保障[15]の対象となる高齢者の条件は、①「三無老人」、②世帯1人あ

11　全国老齢工作委員会弁公室「2010年中国高齢者人口状況調査」。
12　1元＝12.3円で計算。
13　養老支出とは介護などの費用のこと。
14　「三無老人」：収入源がない、労働能力がない、法的扶養人がいない、あるいは法的支援人が扶養能力のない住民（扶養費の基準は地方の民政部門の規定による）である高齢者。一般に、養老保険がなく、未婚、子どもまたは扶養人がいないなどの空巣老人をさす。
15　1997年、中国は都市住民の最低生活保障（略称「低保」）制度を打ち出した。それから10年後の2007年、「低保」制度は農村でも全面的に実施され始めた。「低保」制度はいまや都市と農村の生活の苦しい人々にとって、生活を保障するセーフティーネットとなった。

たりの収入が最低生活水準以下、の2点である。最低保障金は基本的な生活しか保障できないが、その制度からさえ漏れている空巣老人がいる。それは社会保障制度の不完全なところであり、中国老齢事業発展「十二五（第12次5カ年計画：2011-2015年）」で補完が提起された。

このように現在、中国の空巣老人の精神的な需要とともに子どもからの経済的支援もまた、子どもの力だけでは満たし切れない現状になっている。未婚や子どもがいない空巣老人を含めると、これからの空巣老人の生活は政府あるいは社区[16]の養老に頼らなければならない、と筆者は考える。

2. 浙江省における空巣老人の現状と地域支援

(1) 高齢化の現状と問題点

浙江省はほかの地域より早く、1990年代から高齢化社会に入った。2013年末の60歳[17]から69歳の高齢者人口は477.11万人、高齢者総人口の55.63%を占めている。第1世代の一人っ子の父母は続々と高齢期になる。同省の「低齢老人」の人数の増加スピードは速い。2016年末には、60歳以上の高齢者人口は1030.62万人と、総人口の21%を占めていた。

浙江省老齢工作委員会弁公室は2011年に発表した「2010年浙江省城郷老年人口生活状況調査」で、同省の都市部で精神的に孤独感がある高齢者を4割としている。

本章で取り上げるA市はこの浙江省に位置し、2500年の歴史がある。古来から続く運河沿いの街並みがいまも残るが、近年は急速な都市化が進み、新しい住宅の形態とともに暮らしぶりも大きく変わってきた。

---

16 「社区」：もともとは英語の「コミュニティ」の中国語訳であり、社会学上の学術用語であったが、近年では中国における都市部の基礎的な行政区画の単位をさす用語として用いられる。
17 中国では「花甲」（還暦）という伝統的な考え方や定年退職年齢などの実情にもとづき、政府は統計や文書の中で60歳以上を高齢者の基準としている。

(2) 空巣老人へのボランティア活動

　高齢者人口増加の最初のピークを迎えた現在、空巣老人に関わる社会問題が注目されている。上海、北京をはじめ東部沿海地域の都市部では、従来から行われてきたボランティア活動が、さらに空巣老人向けの見守り活動などとして展開された。

　浙江省では社区養老サービスを一歩進めるために、杭州、寧波など各社区内で住民、学生によるボランティア活動が行われた。活動は空巣老人の日常生活を踏まえ、困りごとを解決するだけでなく、積極的な訪問サービスとコミュニケーションによる精神的ケアという役割を担っている。

　浙江省A市では、「空巣老人親情陪護志願隊」という名称のボランティア活動が行われている。一般的にこうしたボランティア活動は「1＋N＋X」と呼ばれる。1つの空巣家庭に対し、N人で構成するボランティアグループの定期的な訪問サービスが、X組活動している、という意味である。

　「空巣老人親情陪護志願隊」には大学生ボランティア団体が参加し、定期的な訪問サービスが行われている。「N人」はほぼ300人である。

　大学生ボランティアのサービス内容は、①生活サービス（毎週1～2回の声かけ、買い物やご飯づくり、家事の手伝いなど）、②精神的サービス（定期的に訪問して、高齢者の話を聞いたり意見を交流したりする。また散歩に同行し、時には高齢者向けの活動にも参加する）、③祝日のサービス（いっしょにお祝いする。家族の代わりにその雰囲気と愛情を送る）の3つが含まれている。

　次に、2016年に筆者がA市でこれらのボランティア参加者の協力を得て行った、62人の空巣老人への質問紙を用いた面接調査をもとに、空巣老人の生活と意識を紹介する。

3. 空巣老人の生活実態と養老意識

　62人の対象者のうち36人は80歳以上で、半数以上を占めている。健康状

況は、年齢が高くなるにつれて「体の状況が悪い」と考える人の割合が高くなる傾向があり、それが原因で日常生活に差し障りがある人の割合が高くなっている。

(1) 社会関係

最も行き来する家族・親族は区内[18]に住んでいるとの回答が43.6％、5割弱となっている。「無回答」を除くと、つまり半数くらいの空巣老人にとっては、近くに見守ってくれる家族・親族がいない。

また、遠方も含めた「最も行き来をする家族・親戚はいない」との回答と、最も行き来をする家族・親戚がいる場合の接触頻度が「年に数回」との回答を合わせると、割合は35.5％となる。つまり、家族・親戚との接触頻度が低い空巣老人も少なくない。

街道や社区居民委員会[19]の職員とボランティアが積極的に対応しているが、病気のときにすぐ来てくれる人がいない（「⑧いない」）との回答も2割を超えた（表1）。それは政府からのサービスから漏れているか、所属する社区におけるサービスが不足しているか、あるいは社会的孤立（潜在化）してい

表1　病気の時、すぐ来てくれる人との関係

	度数	パーセント
①子ども	27	43.5％
②親戚	4	6.5％
③友人・知人	1	1.6％
④家政婦	1	1.6％
⑤街道や社区（委員会）の職員	5	8.1％
⑥ボランティア	7	11.3％
⑦その他	2	3.2％
⑧いない	15	24.2％
合計	62	100.0％

18　「区」：中国では行政に分けられている地域、ここでは市の管轄地域という意味である。
19　「居民委員会」：「街道弁事処」の監督下に置かれ、社区における居民の自治組織である。「居委会」ともいう。

るか、のいずれかではないかと考えられる。

　この「病気の時、すぐ来てくれる人」が「いない」という回答者（15人）には2つのタイプがある。1つは、未婚あるいは配偶者も子どもも亡くなった人である。もう1つは、子どもはいるが遠くに住んでいて病気のときにすぐ来られない人である。

　同じ「いない」という回答者のうち、いま住んでいる団地に関する困りごとについて、「高齢者が少ないので、話し相手や団地内の養老を心配する」との回答者が6人あり、高齢者が少ない社区ではサービスが不足していることが考えられる。

　本来なら家族で過ごすことの多い春節（大晦日と旧正月1日）を誰と過ごしたかについての質問では、「一人で過ごした」という回答者が31.1％もあった（表2）。少なくない数字で、孤立の実態を表していると考える。

　最も多く半数以上の人が「子ども」と過ごしているが、家族・親戚のなかでは最も行き来する子どもであっても、接触頻度が少ない可能性もある。居住距離が遠い、あるいは子どもとの関係がよくないなどの場合に、それはあり得ると考える。

表2　今年の春節（大晦日と旧正月1日）を過ごした相手（複数回答）

	回答数	回答数のパーセント	回答者のパーセント
子ども	32	30.8%	52.5%
子どもの配偶者	11	10.6%	18.0%
孫	14	13.5%	23.0%
兄弟・姉妹	5	4.8%	8.2%
親戚	9	8.7%	14.8%
近所の人	2	1.9%	3.3%
友人・知人	2	1.9%	3.3%
街道や社区（委員会）の職員	4	3.8%	6.6%
ボランティア	5	4.8%	8.2%
一人で過ごした	19	18.3%	31.1%
その他	1	1.0%	1.6%
合計	104	100.0%	170.5%

（回答者：61）

(2) 社会参加

　資料は掲げていないが、近所づきあいをどの程度しているかについては、「よく行き来する」23件（38.3％）、「時々行き来する」14件（23.3％）、「会ったら世間話をする程度」11件（18.3％）、「挨拶を交わす程度」7件（11.7％）、「付き合いがない」5件（8.3％）と、比較的良好であった。

　地域活動への参加状況については、普段活動に参加していない人が半数近い41％あった（表3）。少なくない数字であり、ここにも孤立の実態が見える。

　地域活動に参加しない理由は、健康上の理由によるものが多く69.2％あった（表4）。健康は日常生活を規定する客観的な要因でもあり、社会参加を規定する客観的な要因でもある。

表3　活動に参加していない人

		度数	パーセント	有効パーセント
有効	いいえ	36	58.1％	59.0％
	はい	25	40.3％	41.0％
	合計	61	98.4％	100.0％
欠損値	無回答	1	1.6％	
合計		62	100.0％	

表4　活動に参加しない理由（複数回答）

	回答数	回答数のパーセント	回答者のパーセント
健康上の理由	18	46.2％	69.2％
興味を引くものがない	1	2.6％	3.8％
活動の場所・内容を知らないため	3	7.7％	11.5％
近くに活動場所がないため	1	2.6％	3.8％
一緒に参加する友人がいない	2	5.1％	7.7％
集団活動が苦手	4	10.3％	15.4％
ずっと一人でいるから億劫である	5	12.8％	19.2％
他人に迷惑をかけたくない	4	10.3％	15.4％
その他	1	2.6％	3.8％
合計	39	100.0％	150.0％

（回答者：26）

「ずっと一人でいるから億劫である」「他人に迷惑をかけたくない」と「集団活動が苦手」という主体的（心理的、精神的、性格的）な要因がそれぞれ15％から19％ある。空巣の生活による孤独感や閉じこもり状態にあることが表れており、空巣の生活の精神面の特徴の1つだと考える。

また、「活動の場所・内容を知らないため」ということでは、社区の宣伝不足、周りに教えてくれる人がいないのではないかと推測できるが、これは情報から乖離した社会的孤立の状態にあるともいえる。

(3) 日常生活に関する困りごと

「日常生活に関する困りごと」については「通院、薬とり」をあげた人が42.0％で、圧倒的な割合である（表5）。健康上の需要が多いことがわかる。

次いで「バスや電車に乗る」24.2％、「緊急時に対する不安」21.0％、「買い物」19.4％、「話し相手がいない」19.4％などの回答者割合になっている。

これらから、外出にかかわる不安な気持ちが強いことがわかる。また2割超の「緊急時に対する不安」は、緊急事態にあったときにすぐ来られる人がいない事情などが考えられる。

表5　日常生活に関する困りごと（複数回答）

	回答数	回答数のパーセント	回答者のパーセント
家事	13	9.8％	21.0％
買い物	12	9.0％	19.4％
食事の準備	7	5.3％	11.3％
バスや電車などを使って外出する	15	11.3％	24.2％
役所、銀行などの手続き	9	6.8％	14.5％
財産管理	2	1.5％	3.2％
通院、薬とり	26	19.5％	41.9％
防犯、災害時の不安	4	3.0％	6.5％
収入が少ない	4	3.0％	6.5％
緊急時に対する不安	13	9.8％	21.0％
話し相手がいない	12	9.0％	19.4％
その他	3	2.3％	4.8％
特にない	13	9.8％	21.0％
合計	133	100.0％	214.5％

（回答者：62）

(4) 養老希望（老後の暮らし方）

今後希望する養老種類（老後の暮らし方のタイプ）については、子どもと同居したい人が50％と最も多かった（表6）。空巣老人は、子どもへの期待が高いことが表れている。

一方、高齢者向けのアパートや施設入所を希望する人も少なくないが、私的養老施設は高い費用が課題である。

表6　今後希望する養老種類（複数回答）

	回答数	回答数のパーセント	回答者のパーセント
子どもと同居	31	44.9％	50.0％
一人で在宅養老	17	24.6％	27.4％
私的養老施設	2	2.9％	3.2％
公的養老施設	8	11.6％	12.9％
高齢者アパート	10	14.5％	16.1％
その他	1	1.4％	1.6％
合計	69	100.0％	111.3％

（回答者：62）

表7　社区に希望するサービス（複数回答）

	回答数	回答数のパーセント	回答者のパーセント
家政服務	22	18.3％	36.7％
買い物	9	7.5％	15.0％
食事配達サービス	8	6.7％	13.3％
デーケア	2	1.7％	3.3％
コミュニケーションサービス	28	23.3％	46.7％
訪問医療サービスと通院同行サービス	31	25.8％	51.7％
法律援助	1	0.8％	1.7％
健康・心理的カウンセリング	3	2.5％	5.0％
保養保健サービス	10	8.3％	16.7％
その他	6	5.0％	10.0％
合計	120	100.0％	200.0％

（回答者60）

「社区に希望するサービス」で最も多かったのは「訪問医療サービスと通院同行サービス」の51.7％、続いて「コミュニケーションサービス」が46.7％の、それぞれ回答者割合であった（表7）。

ここでは取りあげる紙幅がないが、政府、社区に対する希望の自由記述では、医療サービス、次いで訪問サービス、活動参加の機会、経済的な援助、養老施設に関わる援助サービス、法律的な援助などとなっていた。

このことから、政府は空巣老人それぞれの個別の詳しい状況や特徴などに応じて問題を解決することが期待されている、と考える。

(5) インタビューから見えた空巣老人の生活

最後に、この調査で行ったインタビューから、空巣老人の老後生活の様子をいくつか紹介したい。

1) Aさんの場合

Aさんは70歳を超えたひとり暮らしの未婚男性である。身体面で不自由はない。兄弟がいるが、誰からも世話を受けていない。

Aさんは昔から、仕事がないためずっと空き瓶拾いを生活の糧にしてきた。しかし、街道から紹介される清掃労働のような仕事は何回も拒否したという。拒否した理由は「自分をなめるな」というプライドのようである。

最低保険金があり、社区からも少しお金を助けてもらっている。病気のときは社区が医療費用を援助している。家は賃借である。食事は自分でつくらず、だいたいは毎日近くのレストランから余りものをもらって食べる。

空き瓶拾いをしているから、隣人はAさんを好んでいない。友達もいない。緊急連絡人はない。電話など連絡手段は一切もっていないという。Aさんは「三無老人」であった。

このように、Aさんは親族との交流も近所づき合いもない。未婚で生活は貧しいが、男性としてプライドをもっていることが感じられた。Aさんはプライドがあるから自ら不満や孤独な感情を出さないが、社会的に孤立した状態である。

2）Bさんの場合

　Bさんは84歳、ひとり暮らしの女性である。元気で特に病気などはない。息子は結婚して上海に住んでいる。養老保険がある一方、生活費も息子からの送金がある。

　息子は半年に1回くらい家に様子を見に来てくれるが、ほかの親戚は来ないという。隣人たちとの関係はよく、よくいっしょに買いものに出かける。

　息子が忙しく、頻繁に戻ることが難しいので寂しい。1人だったら出かけない。彼女にお金の心配はまったくないが、そばにいて話してくれる相手がほしい。社区にはさまざまな活動を行うことを望んでいる。特に大切な祝日に、みんなで集まってにぎやかな活動に参加したい、という。

　このように、Bさんは社区のサービスに対して希望をもっている。社区で祝日に住民が集まるにぎやかな活動を期待していることから、空巣老人のなかにも、閉じこもるのではなく、孤独感を緩和するためにほかの人と接触し、話すチャンスを得たいと希望する人もいることがわかる。

3）Cさんの場合

　Cさんは70歳以上の男性、夫婦世帯である。妻も70歳以上。喉の病気があるので風邪を引きやすく、買い物などは夫が行っているとのこと。

　一人娘は海外に住んでいる。普段はあまり戻って来ないが、両親が病気になると一時的に戻って世話をしてくれる。2人とも高い養老保険金がある。子どもから送金もあり、生活費についてはまったく困ることはない。

　隣人との仲はよい。先日、突然妻の調子が悪くなって、周りの人に助けてもらった。しかし普段訪ねて来る人はあまりない。妻は出かけない。夫は自転車か徒歩で出かける。妻の体の不調が原因で、2人とも社区の活動に参加できなくなった。

　Cさんの物質的な生活には心配がない。病気のときも通常は心配ない。しかし緊急時に娘では間に合わない、と筆者は予測できる。近所の人とは仲がいいから、緊急時に隣の人に助けてもらうことは考えられる。

以上のように、空巣老人の生活と意識の状態は多様である。今後一人っ子家庭世代が高齢化するので、ひとり暮らし世帯、高齢夫婦世帯いずれも、子どもの力だけで高齢者を見守ることはできないだろう。

高齢者の所得保障、医療・介護保障の充実を基本としながら、近隣とのつながりを重視する必要があると考える。そして高齢者の孤独感を緩和するために、社区には地域ネットワークをつくり、社会参加を促進する役割を果たすことが期待されている。

おわりに

中国沿海部の浙江省A市での生活調査をもとに、中国の沿海地域都市部における空巣老人の特徴を述べた。そのなかで空巣老人には、日常生活の様子、家族・親族や周りの人との接触の状態、サービスから漏れた生活などから、「孤立」の傾向が存在していることが明らかになった。

日本では餓死、孤独死問題が顕在化し、ひとり暮らし高齢者の孤立問題が注目されている。中国でも近年、東部沿海地域都市部での高齢者世帯の孤独死事件が報道されており、今後日本と類似した状況が生まれる恐れもある。

中国政府はこれからの養老について、在宅養老と社区養老サービスを中心に、在宅サービス仲介組織と社区ボランティアの育成を強調している。沿海地域の都市部では、ボランティア活動による生活面と精神面の両方のケアで効果が見られたが、社区サービスの機能はまだ不十分な状況がある。

これからの中国には、空巣老人について、それぞれの特徴と生活の需要予測にもとづいて社会保障を整備することが求められる。そして、社区の在宅養老サービスをどのように推進するのか、空巣老人の孤立を防ぐために日本から何を学ぶのか、これらが今後の課題であると考える。

（徐　思遠）

引用参考文献

・鍾仁耀、2004、「中国老年人精神文化生活質量問題分析及び対策研究」『当代中国：発展・安全・価値―第二回上海市社会科学界学術年会文集（上）』：471-475

・陳建蘭、2008、「中国"空巣"家庭研究評論」『天府新論』2：105-109
・李瑞芬、蔣宗鳳、2006、「空巣家庭問題探析」『北京教育学院学報』20（3）：40-43
・劉峰、鄧子綱、2010、「都市部空の巣老人のニーズの欠如及び解決パターンの探索と分析」『湖南社会科学』2：115-118

第2部　北東アジアにおける高齢者の生活課題と社会的孤立問題の現状

第5章

中国西北部における空巣家庭と養老意識

―三線建設時代を体験した高齢者の場合

はじめに

　近年、空巣家庭(からのす)など高齢者の問題は、産業化が進展した沿岸部の都市での社会問題として取り上げられるようになっている。

　本章では、あまり取り上げられない内陸部で、1960年代以降に進められ工業化の過程でつくられた、甘粛省D市の社宅団地で生活する高齢者に着目する。

　中国には1964年以降、東南沿岸部の工業が内陸部に移転・建設された「三線建設」[1]という時期があり、その時期に工業化地域に移住した知識人、技術者が現在高齢期を迎えている。また1978年の改革開放政策以降に進められた産業化に参加した人々のなかにも、高齢期を迎えている人々がいる。

　「三線建設」および改革開放政策以降、こうした人々の生活を保障するため、企業は社宅団地を建設した。この社宅団地では近年、子ども世代が東南地域に転出して働き、親世代は高齢者となって残っている状況がある。

　子どもが近くにおらず、高齢者向けのインフラも不十分な古い社宅団地に住む高齢者の老後生活をどのように保障するのか、が課題になっている。

1　本章第2節参照。

1. 甘粛省D市の概要と高齢者の状態
——内陸部の甘粛省とD市の概要

(1) 甘粛省D市の地域特性

　D市は甘粛省東部黄土高原の丘陵地帯に属し、北西部分には険しい山が多く、東南部分には丘陵が起伏し、中央部には川が多い。気候は半乾燥半多湿の季節風大陸性気候に属する。
　またD市は鉱物資源に恵まれ、石炭、鉄鉱、銅鉱、粘土などをはじめ13種類の資源がある。大気、水質、自然などの環境がよく、高齢者にとって生活しやすいと評価が高い。

(2) 甘粛省の高齢化と空巣家庭

　国勢調査のデータによれば1953年以降、甘粛省の生産力は回復し始め、人口増加率は高まり、医療技術も向上したので人々の平均寿命は伸長した。
　1982年から1990年までは人口増加のスピードは緩和し、出生率と死亡率が両方で下がった。また「一人っ子政策」が実施されたので、2000年から2010年まで人口平均増加率は低下している。
　甘粛省統計局のデータによれば、2015年のD市の定住人口は209.8万人で、前年比で0.6万人増加した（出生人口と流入人口を両方含む）。年齢階層では、65歳以上の人口が19.2万人で9.2％を占めた。
　2000年第五回国勢調査と2010年第六回国勢調査のデータによれば、甘粛省の高齢化率は5.2％から8.2％へ増加した。甘粛省の高齢化、特に女性の高齢化の速度は速い。さらに2010年国勢調査のデータによれば、65歳以上の高齢者がいる世帯のうち「空巣家庭」数は18.6％を占めた。そのうち独身老人と老人夫婦2人の世帯比率は、それぞれ9.2％、9.4％であった。
　高齢者の主な収入源は表1のとおりである。都市高齢者と農村高齢者の主

表1　2010年甘粛省高齢者の主な収入源（構成比）

自分の労働から	家族から	養老保険（年金）	最低生活保障金[2]	財産性収入[3]	その他
18.8%	56.8%	15.4%	6.4%	0.3%	2.3%

（出所）甘粛統計局人口処「甘粛人口年齢結構及老齢化問題研究」2014により筆者作成

な収入源には大きな差がある。

都市高齢者の48.2%の収入源が養老保険[4]（年金）である。また、高齢者が経済的な労働活動に参加する程度から見ると、8.8%の都市高齢者が経済活動を行うことがある（甘粛統計局人口処、2014）。

その一方で農村高齢者は、45.5%が家族に扶養され、17.1%が自分の労働からの収入による。また農村高齢者が働くのは、33.5%が「経済的に困難」、「子どもたちが他の都市におり自家の労働力が不足」のためであり、経済的理由による労働は都市高齢者と比べて24.7ポイント高い。

健康状況から見ると、「健康」な農村高齢者の比率は64.9%で、自立できない農村高齢者の比率は5.4%である。自立できない都市高齢者の比率と比べて2.4ポイント高い（甘粛統計局人口処、2014）。高齢者たちの健康状況の改善は、甘粛省高齢者支援政策の重点であり要だと思われる。

甘粛省各地域の経済発展により高齢者比率もさまざまである。D市など経済発達が鈍化している地域では、若者が外に出て働き、労働人口の流出が多い。それらの地域の高齢者比率は甘粛省の平均より高い。今後、D市の高齢者の老後生活をどのように保障するのか、その対策が急務になっている。

(3) 甘粛省D市の養老保険金政策とその限界

中国国家統計によれば2000年以来、中国政府は20件以上の養老政策を実

---

2 「2016年甘粛低保政策　2016甘粛低保標準」により、甘粛省2015年都市最低生活保障金は月額328元（約5,000円余）、農村最低生活保障金は月額234元（約3,700円余）である。
3 財産性収入：資産性収入とも呼ばれる。資本・技術・管理などを通して社会生産または生活活動に参加して得る収入である。たとえば、動産（銀行預金、証券など）、不動産（建物、車など）による収入である。
4 養老保険とは日本の老齢年金に相当するものである。

行した（甄小燕・劉立峰、2016）。1991年、「国務院関于企業職工養老保険制度改革的決定」（中華人民共和国国務院、1991）が実施されて以降、社会基本養老保険システムが整えられてきている。

甘粛省人力資源和社会保障庁は2010年から2016年まで、主に企業定年[5]・中途退職職員[6]、高級技術資格[7]を取った定年退職高齢者、軍隊から企業へ転職した定年・中途退職職員、または被保険者の年齢別（70～74歳、75～79歳、80歳以上）を対象とする政策を実行した。2017年時点では、同庁による高級技術資格をもった定年・中途退職職員についての記述はない（甘粛省人力資源和社会保障庁、2010-2018）。

また筆者は、各対象者の養老金の平均額を把握できていない。政府は養老金の上昇額は公表している。これによれば、甘粛省の各対象者の基本養老保険金の上昇額には大きな格差がある。

同庁が2012年から実行した政策には、「五七工」「家属工」[8]という高齢者類型も追加された（甘粛省人力資源和社会保障庁、2013-2018）。

2010年から2016年に同庁により実行された基本養老金に関する政策では、年齢、資格を特徴として、養老保険金の対象者がはっきり分けられる。特に、「4050」人員[9]や「五七工」と「家属工」が養老保険金のもっぱらの対象とされた。それ以外「三線人」[10]を対象者とする個別の政策はあまりない。

---

5 「労働和社会保障部办公庁関与企業職工"法定退休年齢"涵義的複函」（2011年）により、法律的な定年退職年齢は、男性が60歳、女性は50歳、女性幹部は55歳。企業定年退職職員とは、法律的な定年退職年齢を満たす場合、特別な職種（高所作業、高温作業、重い肉体労働など）を従業する場合、病気あるいは公務中のけがではない場合で職場を離れる企業職員である。
6 中途退職職員とは、病気あるいは公務中のけがではない場合で、労働能力を失うことを判断して職場を離れる企業職員である。
7 高級技術資格は正高級技術資格（中国語：正高級职称）と副高級技術資格（中国語：副高級职称）を分ける。主な範囲は、高級エンジニア、研究者、主任医師、教授、研究館員、編集審査員などである。
8 1966年政府の呼びかけに積極的に応じて生産労働に参加し、国営企業に入社せず、養老保険にも加入しないアルバイトが「五七工」、正職員の家族が「家属工」と呼ばれる。
9 「4050人員」とは、労働意欲は強いが、個人的技術や能力の制限のために、就職しにくい40歳以上の女性、50歳以上の男性である。その中の一部は、元々国営企業の職員として国家に貢献したことがあり、加齢に伴って、更に仕事を探しにくくなった。「4050人員」が中国では「就業難」（就職が困難である）問題の最も深刻な階層であり、国家による特別な扶助政策がある。
10 「三線建設」で西部に転居した研究者、知識人、技術者、労働者を「三線建設を支援する人たち」あるいは「三線人」と呼ぶ（羅塵、2011、「三线人」『读库1105』新星出版社）。

2. 甘粛省D市高齢者課題の歴史的背景

(1) 中国西部地域の工業化の発展

　中華人民共和国が成立した初期、中国政府は高度集中の資源配置の方式を実施し、重工業を優先的に成長させることを中心とする工業発展の政策を制定した（趙曦、2002：1期）。1958年から1977年までは、中国政府は西部地域の工業産業の建設を重視していた。

　1978年から1999年までの時期、国家の西部地域に対する投資は、以前に形成された工業基地の一部、または「三線建設」の時期に建設された企業の改造、改善と増設であった。2000年以降は「西部大開発」政策下で、西部地域の工業化は省エネルギー、水力発電、風力発電など新資源の開発などに転換している。

　それでも2000年から2006年まで、中国西部地域の工業生産増加率は平均で16.9％に留まって全国平均水準より4.0％低く、東部地域と比べた西部地域の工業生産増加率の格差は、2004年の1.9％から2005年の2.3％へと拡大していった（中国統計年鑑、2001～2007）。

(2) 三線建設とその地理的範囲

　中国西部の工業化は高齢者問題に影響を与えたと考えられる。「三線」の地理的な概念は図1のように説明されている。

　「三線建設」は1964年に始まり、1978年に「改革開放」が実施されるまで、約14年間実施された政策である。1956年から「三線建設」終了の時期までに、中国西部地域には中大型企業、科学研究所、軍需企業など約2000社、45か所（または件）の大型生産研究基地、30か所以上の特色ある新興工業都市、全長8,000kmの10本の鉄道幹線が建設された（陳棟生、1996）。

　これにより、それまで発達していなかった西部地域は早期に、重工業を主

第5章 中国西北部における空巣家庭と養老意識

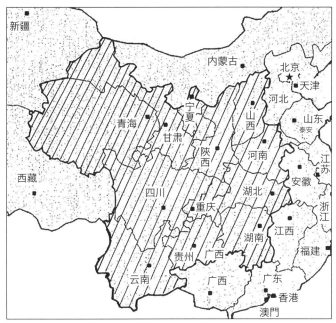

図1 中国の「三線建設」を実行した各省の地図（斜線の部分）

（出所）呉暁林、2002年、『毛沢東時代の工業化戦略』お茶の水書房をもとに筆者作成。
呉暁林によれば、「第一線は沿岸部と国境地帯であり、第三線は、主に四川、貴州、雲南、陝西、甘粛、青海、寧夏の7省・自治区の全地域もしくは大部分、または山西、河南、湖北、湖南の4省である…（中略）…第一線と第三線以外の地域が第二線である」とされている。呉暁林にもとづいて「三線建設」を実施した各省を斜線で示したが、各省全地域で「三線建設」が実施されたということではない。

体として、さまざまな種類の生産と研究を結び合わせた現代工業の骨組みと基盤が形成された地域になった。

(3) 三線建設時期の高齢者の福祉課題

　1980年代に入ると、軍需部品の需要が減少し、軍需工場を中心として大量の工場が生産停止や転職などに直面した。
　そして今日、「三線人」はそれぞれの出身地に戻ることができず、彼らの子ども世代は東南沿岸地域に働きに出て行き、子どもが三線地域に残った親の世話をすることができない状況になっている。
　また、三線時期に建設された古い社宅団地は、高齢者向けのインフラが不

十分である。その上「三線人」は言語（方言）、ライフスタイル、社交活動、身分認識などの面で、地元の労働者との違いが大きい（闫平凡、2016）。

次に、このような背景で社宅団地に住んでいる「三線人」が、いまの生活に満足しているのか、誰から扶養してほしいのか、どのような老後生活をつくっていきたいのかなど、その養老意識と生活状態を探ってみたい。

3. 三線建設で残された高齢者問題
——甘粛省D市の概要における空巣家庭と養老意識

(1) 社宅団地と調査地

1990年代までは、中国の企業または会社、特に国営会社は会社の従業員家族に集まって住むところを提供する単位システムがあった。しかし単位システムは1980年代中旬から見直された。

1980年以降、甘粛省D市では「三線建設」時期に、合計18棟からなる国営機械A会社の社宅団地が建設された。A社宅団地の敷地は4万㎡あり、そのなかには幼稚園、広場、お店（小さい飲食店と雑貨屋などが2か所）がある。団地には現在1,264世帯が住み、住民総人口は3,126人、そのうち高齢住民は1,879人で60％を占めている。現在の住民は転貸による外来人口も少し含んでいる。40〜50代の人には2、3人の子どもがいる場合もある。この団地の部屋は個人売買が可能である。

B社宅団地は、鉄道建設国営B会社が1995年に建設した社宅団地である。敷地面積は17.8万㎡であり、そのなかには幼稚園、高齢者活動センター、B社宅団地学校（小学校から中学校まで9年制）、商店、衛生所（簡単な医療が可能である）などが設置され、36の住宅ビルが建設されている。この団地には現在約1,700世帯、総人口約7,000人が住み、高齢者は約3,600人で50％を占めている。住民には転貸による外来人口も少し含まれている。40〜50代の人には2、3人の子どもがいる場合もある。この団地には、高齢者も若者もいる。この団地の部屋も個人売買が可能である。

それぞれの住宅ビルは5～6階建てで1棟に概ね50～70世帯が住んでいる。

(2) 団地での空巣家庭のインタビュー（生活史聞き取り調査）から

ここでは、筆者がB社宅団地で2016年に行った8人のインタビュー（ひとり暮らしで外に出ていない高齢者への訪問による生活史聞き取り調査）のなかから、典型的な4人の高齢者の生活状態と養老意識を取りあげる。

表2　調査回答者の基本属性Ⅰ

団地	氏名	性別	年齢	出身地	同居家族	学歴
A社宅団地	Eさん	女	72	遼寧省	独居生活（夫と死別）	中学卒
	Fさん	男	69	陝西省	独居生活（妻と死別）	小学校5年生時に退学
B社宅団地	Gさん	女	67	甘粛省	独居生活（夫と死別）	なし
	Hさん	女	65	甘粛省	独居生活（夫と死別）	小学校卒

(出所) 筆者が2016年に行った生活史聞き取り調査をもとに作成

表3　調査回答者の基本属性Ⅱ

団地	氏名	収入	都市養老保険金補助類型※	疾病
A社宅団地	Eさん	企業年金1か月に2,000元（約3万2,000円余）、子どもから年に1,000～2,000元	70～74歳・企業退職・中途退職職員	糖尿病・心臓病・足痛
	Fさん	養老保険金1か月に2,000元、子どもから年に1,000元	軍隊から企業へ転職した・企業定年退職・中途退職職員	特に問題がない
B社宅団地	Gさん	農村養老保険金1か月500元（約8,000円余）、子どもから年に20,000元（約32万円余）	なし（農村養老保険金を補助）	心臓病・リューマチ・高血圧
	Hさん	養老保険金1か月に800元（約1万2,800円余）、子どもから年に18,000元（約28万8,000円余）	企業定年退職・中途退職職員	白内障、それ以外健康

※甘粛省の統計の分類に合わせて記述した。統計は、年齢の類型（70-74・75-79・80以上）、定年退職者と中途退職者の類型（高級技術資格取得者・軍隊から企業へ転職者・一般企業労働者）、都市と農村の類型などによって集計されている。
(出所) 筆者が2016年に行った生活史聞き取り調査をもとに作成

(3) 甘粛省D市の空巣家庭の生活状態と養老意識[11]

1) 生活意識

健康状態について、Fさんは「特に問題がない」と答え、ほかのすべての

11　養老意識とは高齢者の老後生活についての意向などの意識のことである。

回答者は「心臓」、「目」、「足」、「血圧」などに問題があった。

　日中の過ごし方は、朝6時頃に起き、朝ごはんを食べた後は、社宅団地の広場で広場ダンス[12]、活動、あるいは野菜などを買う時間である。昼ごはんを食べて、昼寝をして、14時以降で団地の広場に三々五々集まって将棋をさしたり、日向ぼっこをして話し合ったりする高齢者が多かった。

　A、B両社宅団地の独居高齢者の話から見えてきたのは、子ども時代の生活が貧しかったという共通点であった。EさんとGさんの両親の職業は農民、Fさんは「母は農民、父は軍人」、Hさんの母は農民、父は小学校の教師であるなど、回答者の両親の職業はさまざまであるが、すべての回答者の子ども時代の生活が豊かではなかった。

　Fさん、Gさん、Hさんの発言からは、子ども時代の家庭の経済状況がよくなかったこと、そのような子ども時代の経済状況は「勉強したい」という気持ちを満たすものではなかったことがわかった。

　また、現在の収入と収入源について、A社宅団地の回答者の収入が2,000元で、Eさんは企業年金、Fさんは養老保険金がそれぞれ収入源であった。Fさんは多種類の養老保険金を受けているので、月収が2,000元になっていた。また、B社宅団地の回答者はそれぞれ養老保険金があったが、金額が少ないため主に子どもからの仕送りで生活していた。

　いまの生活について、A社宅団地の回答者は自分の現状に満足しているが、寂しいと答える人がいた。B社宅団地の回答者は、自分の健康状態を心配していた。

表4　いまの生活についての考え

○A社宅団地・Eさん
「いまの生活については、お金があって、子どもと同居していなくて、孫を世話する必要もなくて、満足だと思っているわ」
○A社宅団地・Fさん
「戦友との関係はいいけど、しばらく彼らとは連絡を取っていない。

12　広場ダンスとは、中国国民が余暇時間に広場や公園などに集まって思い思いに踊る一種の社会現象である。

……いまの生活は昔と比べてよくなったけど、妻が亡くなって、ちょっと寂しいと感じているよ」
○B社宅団地・Gさん
「いまの時代がいいね、息子のおかげで、いい生活ができているわ。ちょっと心配なのは、心臓も頭もよくなくて、多分いつか亡くなるかもしれないね（笑）。まあ、いまのままで満足よ……」
○B社宅団地・Hさん
「いまの生活については……、目が弱くて、何もできない状況で、ちょっと心配しているけど……」

（出所）筆者が2016年に行った生活史聞き取り調査をもとに作成

2）転入の経緯と親族・近隣関係

　回答者が現在の土地に転居した理由は、A社宅団地ではほぼ同様であったが、B社宅団地ではさまざまであった。

　A社宅団地の回答者はすべて「三線建設を支援するために」A社宅団地に転居したという。Fさんは「その時代は車が珍しいので、運転者はすごく立派な仕事だよ」と自分の仕事を自慢した。

　B社宅団地の回答者は「家族がB会社に転職したので」という理由で転居していた。

　家族関係について回答者は皆、兄弟との連絡をあまり取っていなかったが、A社宅団地の回答者の子どもとの連絡は、B社宅団地より多かった。

　4人の回答者はそれぞれ配偶者との仲がよかったという。

　Eさんは「自分と夫は仕事に熱心で、責任感が強いタイプだと思う。若いときに全力で仕事をしていて、一番印象に残ったことは思い浮かばないが、夫といっしょに生活して、温かくて和やかでケンカしたこともなかった」と、夫との関係は家族だけでなく「仲間」のような存在だったと話した。

　Fさんは「妻は純粋で、誠実で、優しくて家庭を重視する女の人だ。結婚してから妻は職をもたず、毎日家事をして、子どもを世話して、僕が家に帰ると美味しい料理を用意してくれて、本当に幸せでしたね」と妻をほめ、「妻

が亡くなってもう4年だね。正直にいえば、いまでも彼女がいないことが信じられない。ときどき、彼女がそばにいるようだ」となつかしんでいた。

　Gさんは「夫は怒りっぽい性格だったが、家庭に対して責任感が強く、大事なことをちゃんと考えて決める、すごく頼もしい人だった」と夫を評価して、「貧乏な生活で、夫とお互いに支え合っていた。彼がいて本当によかった」と感謝していた。

　Hさんは「夫は正直で優しい。息子が生まれるとき、お金がなくて貧乏でしたよ。家で食べ物も少なくて、夫が毎日少し食べて、余りの分を全部私にくれて感動した」と話した。

　また、家族以外の人々との人間関係についてA、B両社宅団地の回答者は、団地内の友人との関係はあるが、団地外の人との人間関係はあまりないようである。

表5　親族・近隣関係

○A社宅団地・Eさん
　「兄弟やほかの親戚との連絡はあまりなかったけど、週に1回子どもと電話で話すの。親しい友達は10人くらい。以前同じ職場で働いて、いまも同じ団地に住んでいるの。毎日午後4時から友達といっしょに広場で日常生活や買い物などの話をして、5時くらいに帰ってご飯をつくるのよ」

○A社宅団地・Fさん
　「いまもときどき友達といっしょに『秦腔』[13]を見るんだ。また、毎日午後3時から同じ団地の友達と将棋をさしたりするよ。また、1か月に2回、娘たちに電話をかける。一番下の弟が5年前に亡くなったんだ。いまは年に5回くらい兄弟と連絡している。そのほかの親戚とはあまり連絡を取らないな」

○B社宅団地・Gさん
　「毎日午後7時から庭で広場ダンスをするし、仲がいい友達も4～5人

13　中国西北部の各省で流行した地方劇。陝西・甘粛両省の民間歌曲から発展した曲調で、雄壮で悲憤的なムードをもつ。

できて楽しかったわ。1か月に2回子どもと連絡するけど、兄弟やほかの親戚とはあまり連絡しないの」
○B社宅団地・Hさん
　「趣味といえば、毎日朝の7時と夜の7時に、30分くらい老年保健体操をする習慣があることね。1か月に1回子どもに電話をかけますよ。兄弟とは1か月に1回連絡をします」

(出所) 筆者が2016年に行った生活史聞き取り調査をもとに作成

3) 施設入所の意向について

　4人の回答者に、今後の高齢者施設への入所意向について尋ねた。
　FさんとGさんは「高齢者施設入所の希望はない」と話した。理由は、入所しないほうが独立した生活ができるということが一つあった。また、高齢者施設がどのような存在なのか、理解しにくいからだった。
　「高齢者施設に入所したい」と回答したのは、EさんとHさんである。理由は、子どもが忙しく世話をしてくれる人がいない、寂しいから話し相手がほしい、ということだった。しかし、Eさんは「高齢者施設の利用料金が安くなるなら入所したい」といい、Hさんは「お金も問題だね」と回答した。
　この2人の発言から、家庭の経済状況と利用料金の乖離が「入所したい」という気持ちに応えられていないことがわかった。加えて、高齢者施設とサービスの内容、利用状況の情報が少ないという問題もあった。

表6　施設入所の意向について

○A社宅団地・Eさん
　「入りたいですが、利用料金が高くて手が届かないわ。10年前に糖尿病と診断され、心臓病もあり、足も常に痛くなるので、多くの薬を買う必要があるしね。貯蓄が多少あるけど、そんなに余裕がないわ。体がよくなくてもし入院したら、お金がずいぶん足りないと思う。子どもたちは忙しいので、私を世話してくれるのは無理だろうと思う。もし施設の利用料金が安くなるなら入所したいけど。でも、施設ではどのような

サービスを提供してもらえるのか、まったくわからないし、テレビでも施設についての情報は少ないですよ」
○A社宅団地・Fさん
「体の調子はよくて自立できると思うので、施設に入所するつもりはないよ」
○B社宅団地・Gさん
「ちょっといいにくいけど、実は施設っていったいどういうところか、よくわからないの。いままで聞いているような施設だったら、入るつもりはないわ。施設のサービスについてよく分からないので、どのようなサービスを提供するのか、利用料金がいくらか、などちゃんと聞かなきゃ」
○B社宅団地・Hさん
「高齢者向けの養老サービスを受けるつもりはあるけど、施設に関する情報がよくわからないな……。お金も問題だね。以前は夫を世話していたけど、夫が亡くなってからいつも寂しくて、何をしたらいいのかも分からない状態です。施設に入ると、話し相手があるかもしれないね。だから、できれば施設に入りたいな」

（出所）筆者が2016年に行った生活史聞き取り調査をもとに作成

おわりに

　中国の沿海地域都市部と比べて西部地域、特に甘粛省は若者労働力の流出の比率が高く、高齢化が急速に進んでいくとともに、第1世代の「一人っ子」たちの親が高齢化を迎えつつある。「家庭養老」など伝統的な考え方は残っているが、子どもが親を扶養できない現実に直面している。
　なお、本論では紹介しなかったが、国営機械A会社が建設したA社宅団地の「三線人」には、「自立性」「仲間意識」「出身地回帰意識」が強かった。また収入の格差も大きかった。「社会に貢献したい」という意識が強く、老後

生活を送る「三線人」、特に女性「三線人」のなかには、自分の居場所を探しにくい人もあった。

　こうした状況に対して筆者は、国家養老保険システムの適用地域の範囲を拡大して「三線人」を物質的に保障すること、さらに「三線人」の「老後の生きがいづくり」も重要だと考えた。

　中国の政府はこれからの養老について、東南沿岸部では在宅養老、社区養老、施設養老など養老方式を多様に整備しつつあるが、それらの整備が遅れている中国西部地域では、養老保険制度、医療保障制度の充実と併せて養老方式の整備が必要である。伝統的な「家庭養老」を重視し「施設養老」を拒否する高齢者も依然として多いが、施設についての情報が少ないことも一因としてある。

　現時点で北西地域の高齢者は養老問題をまだ強く実感していないが、今後高齢化が加速していくにつれて老後生活を迎える人々が、「家庭養老」の考え方を「施設養老」や「社区養老」の考え方へと転換をしていくのか否か、養老問題に直面する高齢者と親族はどのような心構えをすればよいのか、など課題は大きい。

（刘　璐）

参考文献
- 呉暁林、2002、『毛沢東時代の工業化戦略』御茶の水書房：173
- 陳棟生等、1996、『西部経済崛起之路［M］』上海遠東出版社：4期
- 国家統計局、2008、『中国統計年鑑2001-2007』
- 甘粛省人力資源和社会保障庁、2010-2011、「関于2010（2011）年調整企業退休（職）人員基本養老保険金有関問題的通知」
- 甘粛省人力資源和社会保障庁、2012-2014、「関于2012（2013、2014）年調整企業退休（職）人員和『五七工』、『家属工』等計劃外用工人員基本養老金有関問題的通知」
- 甘粛省人力資源和社会保障庁、2015-2018、「関于2015（2016、2017、2018）年調整企業退休人員基本養老金的通知」
- 甘粛省統計局、2000-2010、「2000（2010）年第五（六）回国勢調査」
- 甘粛統計局人口処、2014、「甘粛人口年齢結構及老齢化問題研究」
- 閆平凡、2016、「三線建設中的非『三線人』——論湘黔鉄路建設中貴州民兵的奉献精神」『教育文化論壇』貴州大学、2：139-140
- 趙曦、2002、『21世紀中国西部発展探索［M］』科学出版社、1期

・甄小燕・劉立峰、2016、「我国養老政策体系的問題与重構」『宏観経済研究』北京大学出版社、5：23-27
・中華人民共和国国務院、1991、「国務院関于企業職工養老保険制度改革的決定」

第6章
香港における高齢者の貧困と孤立問題の現状

はじめに

　イギリスの植民地であった香港は1997年に中国に返還され、「一国二制度」のもとで高度な自治および資本主義的制度の存続が認められている。すなわち、中国本土とは異なる独自の社会・経済制度、法律制度、生活方式が実施され、立法権、独立した司法権、終審権、貨幣の発行権などをもっている（香港特別行政区、2007）。

　「東方の真珠」と呼ばれる香港には、植民地時代に建てられた超高層ビルが並び、金融をはじめとするさまざまなビジネスの交差点であり、「繁栄」の象徴ともいえる。香港は2016年、1人あたりの名目GDPが世界15位であった（世界銀行、2017）。

　その一方、社会における所得分配の不平等さを示すジニ係数（Gini Index）を見ると、その華やかな発展の陰で隠された「格差問題」が露わになる。香港のジニ係数は2011年に0.537となり、いまでも世界9位である（Central Intelligence Agency, 2017）。

　香港政府（2017）は、「少子高齢化」の進行に伴い、世帯における平均労働人口と平均所得が下がり、それが所得格差の拡大に至る要因だと主張している。2016年は香港で6人に1人が65歳以上の高齢者であるのに対して、2046年には倍の3人に1人が高齢者になるという予測も出てきた（香港統計局、2016）。

また、高齢者の貧困問題および孤立問題も深刻化しつつある。3人に1人の高齢者が貧困に陥っているのが、2016年の現状である（香港特区政府扶貧委員會、2017）。

香港では、植民地時代から「最も困窮した者」に限って手を差し伸べる「残余型福祉モデル（residual model）」が行われてきた。そのなかに、「綜合社会保障援助計画」と「公共福利金計画」の2つの主要な社会保障政策がある。しかし現状から見ると、この「残余型福祉モデル」だけで高齢者の生活を支えるのは極めて不十分であることが分かってきた。

この章では、香港における高齢者福祉政策を整理しながら、高齢者の貧困問題および社会的孤立の現状を紹介する。そして、格差問題による高齢者の社会的孤立問題の深刻化に対し、行政、民間組織、そして市民レベルで行っている取り組みを紹介する。

1. 高齢社会になった香港

(1) 香港における高齢化

香港における高齢化は2000年代から進行が著しいといわれている（香港立法會秘書處、2015）。15歳以下の人口の割合は、2001年の16.5％から2016年には11.3％にまで下がってきた。逆に65歳以上の高齢者の割合は、2001年の

表1　香港における人口、高齢者人口・割合、15歳以下の人口、中央値年齢、平均寿命
　　　（2001年、2006年、2011年、2016年および2046年）

年度		2001	2006	2011	2016	2046（予測）
総人口（人）		671万	686万	707万	734万	761万
高齢者人口（人）(65歳以上)		75万	85万	94万	116万	261万
高齢者人口の割合 (%)		12％	12.4％	14％	16％	32％
15歳以下の人口 (%)		16.5％	13.7％	11.6％	11.3％	9.3％
中央値年齢		37.2	39.6	41.7	43.4	－
平均寿命（歳）	男性	－	79.4	－	81.3	85.4
	女性	－	85.5	－	87.3	91.4

（出所）香港特区政府香港統計局サイトの情報をもとに筆者作成（香港統計局、2001、2006、2011、2016、2046）

12％から2016年には16％にまで上がった。そして中央値年齢が、2001年の37.2歳から2016年には43.4歳にまで延びている（表1参照）。

　急激な高齢化の主たる要因として、高齢者人口の増加のほかに、出生率の低下、少子化と平均寿命の延びの2つがあげられる。

　1980年代から2014年まで、香港における出生率は下降傾向である。この三十数年の合計特殊出生率[1]は1.5以下になり、人口維持のための人口置換水準[2]である2.1以下となっている（香港統計処、2015）。

　香港の平均寿命は2016年に、男性が81.3歳、女性が87.3歳で世界第1位となった（厚生労働省、2015）。香港統計局（2016）によれば、2046年の平均寿命は男性が85.4歳、女性が91.4に達すると予測されている（表1参照）。

(2) 「3人に1人の高齢者が貧困」時代到来

　「2016香港貧困状況報告」（扶貧委員会、2017）によれば、総人口における貧困率は2016年に14.2％（97万人）となっている。そのなかで、65歳以上の高齢者貧困率[3]は31.6％であり、総人口における貧困率の2倍以上になっている（Commission on Poverty, 2016: 38）。

　高齢者の貧困率が2009年の34.6％から2016年の31.6％まで下がってきたといっても、この数年の高齢者の貧困率の変化は著しくなく、30％以上が2009から2016年まで8年間続いている。さらに、2014年からまた増加傾向が見られる。

　また、高齢者人口の増加に伴い、「貧困高齢者」の人数が2009年の28.3万人から2016年の33.7万人にまで増えてきた（図1参照）。3人に1人の高齢者が貧困に陥っている現状に対し、政府と民間の取り組みが注目されている。

1　合計特殊出生率とは特定年または期間の出生力であって、出生スケジュールを構成する年齢別出生率を合計して得られるものである（国際人口学会、1994、p.81）。
2　人口置換水準とは「人口が将来にわたって増えも減りもしないで、親の世代と同数で置き換わるための大きさを表す指標である」（厚生労働省、2018）
3　「相対的貧困率」のことである。香港政府が所得の中央値の半分を下回っている人を「貧困者」と定義している。また、所得の中央値が貧困ラインと定義されている。

第 2 部　北東アジアにおける高齢者の生活課題と社会的孤立問題の現状

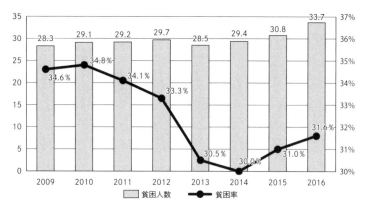

図 1　65 歳以上の高齢者における貧困人数および貧困率（2009～2016 年）
（出所）香港特区政府扶貧委員会の「2016 香港貧困状況報告」をもとに筆者作成（Commission on Poverty, 2016, p38）

2. 香港における高齢者福祉制度

(1)「残余型福祉モデル (residual model)」
　　——最も自活能力のないものを援助する

　香港政府はイギリス植民地時代から返還後の今日まで、社会保障政策において「残余型福祉・残余型モデル (residual model)」を行っており、市場に対し積極的不介入主義という保守主義を強調している。
　残余型福祉とは、個人や家族の自助努力が失敗した場合（市場の失敗のとき）に、社会保障制度の役割を限定するモデルである。また、公的サービスからの支援は基本的に最低限度の生活をオーバーしないように行われることも、残余型福祉の特徴である（濱口、2012）。
　政府の資料によれば、社会保障の目的が「最も自活能力のないものを援助すること (Help for those least able to help themselves)」に置かれている。つまり、乏しい財源のなかで最も効率的に社会保障を実現していくために、「社会的弱者」に焦点をあてる方法が採られたのである。

(2) 社会保障政策の内容

香港における社会保障制度は「綜合社会保障援助計画」、「公共福利金計画」、「強制積立年金」および「医療保障制度」である。

1) 綜合社会保障援助計画 (Comprehensive Social Security Assistance)

綜合社会保障援助計画（略称CSSA）が主な公的扶助制度であり、1993年に導入された。給付額は受給者の属性により異なり、所得・資産調査（means-test）がある。

社会福利署（2016）によれば、CSSAの目的は「生活給付金の形で、経済的に自活能力のないものが生活の最低限を送ることができるように、生活補助金という形でセーフティネットを提供する」というものである。

表2　CSSAの種類と内容[4]

類型		対象者	世帯	給付額（月/人）円*	補足
A. 標準金額		60歳以上の高齢者[5]	一人世帯	49,292〜83,948	対象者の身体状況によって金額が異なる
			家族いる世帯	46,494〜76,988	
B. 補助金	長期ケース補助金	高齢者（2人以上）、障害者、健康不良のある家族がいる世帯	－	61,705（年1回）	目的：家具、耐久財などを換える費用
	地域生活補助金	在宅の高齢者、障害者	－	4,664	－
	交通補助金	12〜64歳の重度障害者	－	3,875	－
	ケアハウス・老人ホーム介護補助金	民間ケアハウスの利用者（高齢者、障害者）	－	4,664	－
C. 特別手当		特定資格受給者	－	援助内容によって異なる	家賃、水道光熱費、子どもの教育費、葬式費用など

＊為替レート：1香港ドル＝14.35円で計算した（2017年12月1日時点）。
（出所）香港特区政府社会福利署サイトの情報（2017）をもとに筆者作成

---

[4] 60歳以上の人と関わっている部分だけ抽出した。
[5] 「施政報告」（香港特別行政区、2017）によれば、2018年（案）から、CSSAにおける「高齢者」の年齢下限は65歳になる。60歳から64歳までの人が「成人」のグループに変更される。

2017年は総人口（739万人）の約3%（23万人）がCSSAの受給者であり、そのうちの6割（14万人）が60歳以上の高齢者である（社会福利署、2017）。

CSSAは基本的に3つの種類に分かれている（表2参照）。

2）公共福利金計画（Social Security Allowance Scheme）

社会福利署（2016）によると、公共福利金計画（略称SSA）は生活を応援することを目的とし、65歳以上の高齢者および重度障害者に手当を支給する。SSAには6つの種類がある。このうち65歳以上の高齢者（長期的に香港で住む）と直接関わる3つの手当を表3に示す。

表3　公共福利金計画の類型と内容

種類	対象者	手当額(月)円*	資産・所得審査	受給者数(2017年10月3日まで)
Ⅰ．高齢手当（俗称「生果金(果物代)」）	70歳以上	19,014	なし	1.7万人
Ⅱ．長者生活手当	65歳以上	36,808	あり	2.7万人
Ⅲ．高額長者生活手当（2018年から実施される予定）	65歳以上	49,292	あり	―

＊二重取りはできない。
＊為替レート：1香港ドル＝14.35円で計算した（2017年12月1日時点）。
（出所）香港特区政府社会福利署（2017）サイトとの「2017施政報告」（2017）情報をもとに筆者作成

3）強制積立年金（Mandatory Provident Fund）

香港には、日本の国民皆年金制度のように定期的に一定額が給付される年金制度はない。それに代わるものとして、確定拠出型の「強制積立年金制度（Mandatory Provident Fund）、略称：MPF」が実施されている。

前述したように、香港では少子高齢化の進行と平均寿命の伸びに伴い、今後の労働人口が大きく減っていくと予測されている。MPFはこうしたことを背景に、退職後の高齢者の生活を保障するため、香港政府が2000年12月に施行した（MPFA, 2017）。

MPFは「積立金と運用益の合計額を退職時に（一般的には65歳で）受け取る『退職一時金』である」。在職時には「月々の給与から労使双方が賃金の最低5%を信託会社に積立てる」（久野康成公認会計士事務所、2014）。積立金を運用するファンドは従業員が自由に選ぶため「自己責任」になり、人によっ

て将来受け取る「退職金」も違ってくる。

4) 医療保障制度

香港に公的医療保険制度はない。65歳[6]以上の高齢者に毎年約28,700円まで使える医療バウチャー（Health Care Voucher）[7]が支給され、余った分は翌年に繰り越すシステムになっている。ただし、溜まる金額の上限は57,400円である（香港特別行政区、2017）。

登録された医療サービス提供者は2016年に5,300か所となり、医療バウチャーを利用した高齢者は約61万人（70歳以上の高齢者の8割・2016年の時点）に達している（立法會、2016）。

3. 香港における高齢者の貧困と孤立問題の実態

香港で「高齢者における社会的孤立」は、現時点でも重要な社会問題としては取り上げられていない。しかし、高齢者における格差問題および生活実態を見ると、高齢者の社会的孤立は厳しくなりつつある。香港の社会にとって、もはや無視できない課題になっていると考えられる。

(1) 高齢者における生活実態

1) 高齢者の収入

オックスファム香港（2014）によれば、最低限の生活を送るための最低生活費は、高齢者の場合月額4,613香港ドルであるとされている。この金額より低い収入で生活を送る高齢者は少なくない。

香港統計局（2009）によると、高齢者[8]の収入源（表4参照）は子どもからの仕送りが一番多く（61.2％）、次いで公共福利金計画（50.9％）、仕事による収

6　2017年7月1日から申請条件が、70歳から65歳以上に変更された。
7　2014年から医療バウチャーが1香港ドル単位となっている。
8　この報告書では、高齢者とは60歳以上の人をさしている。

表4　収入がある高齢者の収入源

収入源*	人数（千人）	割合（％）
子どもからの仕送り	658.8	61.2
公共福利金計画	547.5	50.9
仕事による収入	138.7	12.9
綜合社会保障援助計画	111.7	10.4
退職金	52.1	4.8
貯蓄・定期貯金／株による利子収入	33.8	3.1
他の親族からの仕送り	26.8	2.5
障害手当	23.9	2.2
家賃収入	13.6	1.3
合計	1606.9	―

＊この調査項目で「多肢選択式」が用いられた。
（出所）「主題性住戸統計調査報告書・第四十一号報告書」（香港特別行政区、2009、55）の内容を筆者が翻訳

入（12.9％）、綜合社会保障援助計画（CSSA）（10.4％）となっている。それに比べて、安定した収入としての退職金（4.8％）、貯蓄・定期貯金あるいは株による利子収入（3.1％）は著しく少なかった。

つまり、多くの高齢者は安定した収入が少なく、子どもと政府の手当などに頼っている。社会保障を受けているといっても、それは退職後の生活費、医療費などをカバーできる金額ではなく、安心した老後生活の実現にはまだ遠いともいえる。

(2) 高齢者の貧困や社会的孤立の実態

1) ひとり暮らしの高齢者世帯・2人高齢者世帯における貧困と孤立問題

扶貧委員会は、ひとり暮らしの高齢者は家族からの支援が欠け、人間関係も希薄しており、社会で隠れた人たちであるからこそ「社会的孤立」に陥りやすい、と述べている（扶貧委員会、2007：2）。

香港統計局のデータ（2013：FA3）によれば、2011年のひとり暮らしの高齢者[9]の割合は13％（約12万人）であり、ほかの年齢層より高い。しかも、男性

9　ひとり暮らしの高齢者：65歳以上のひとり暮らしの高齢者。

表5 低所得の単身高齢者世帯・2人高齢者世帯の人数および割合

年度	低所得世帯の人数（万人） ひとり暮らし世帯	2人世帯	合計	低所得世帯の割合（％） ひとり暮らし世帯	2人世帯	合計
2001	7.2	9.1	16.3	84.8％	92.3％	88.9％
2006	7.3	10.8	18.1	74.2％	80.9％	77.9％
2011	8.2	11.2	19.4	68.7％	71.0％	70.0％

（出所）香港社会服務聯會（2013）による情報をもとに筆者作成

のひとり暮らしの高齢者の割合は10％だが、女性のひとり暮らしの高齢者の割合はそれより高く、15％となっている。

また、「経済的な問題」を抱えるひとり暮らしの高齢者または2人高齢者世帯[10]が著しく多い、という調査結果があった（香港社会服務聯會、2013、p.9）。表5を見ると、すべてのひとり暮らしの高齢者世帯に占める低所得[11]の世帯割合は、2001年から2011年までの10年間に16％下がったものの、まだ半数以上の約7割におよんでいることがわかる。

香港社会服務聯會は2012年、ひとり暮らしの高齢者世帯および2人高齢者世帯を対象に、その生活実態についてアンケート調査を行っていた（有効回答数：221件）。

調査結果を見ると、ひとり暮らし高齢者世帯、2人高齢者世帯のいずれも「人間関係が希薄」になった世帯が少なくない。「別居している子との接触頻度」が「年に数回」「年に1回以下」「会わない」の合計は37.7％に達している。「親戚との接触頻度」も、「年に数回」「年に1回以下」「会わない」の合計が半分以上の58.8％となっている。

2)「脱法ハウス」に暮らす高齢者たち

「脱法ハウス」は、火災時などの安全性や衛生面でも多くの問題があるが、2012年に香港では、およそ7万人がその「脱法ハウス」で暮らしていた（明報、2012）。高齢者の割合が少なくないとする調査結果もあった（香港社區組織協

---

10 2人高齢者世帯：65歳以上の高齢者が2人いる世帯。
11 低所得の基準：香港社会服務聯會の香港低収入住戸統計概覧（2013）によれば、低所得の基準は次のように設定されている。単身世帯：62,422円（2001年）、57,400円（2006年）、60,987円（2011年）。2人世帯：113,006円（2001年）、104,037円（2006年）、115,087円（2011年）。

會、2013、p.28）。

　香港の「脱法ハウス」にはいくつかの類型がある。

　たとえば、「部屋の床面積は約1.4㎡とベッド1台分で、その上に座れば頭上に天井が迫る。棚のように重なった20人分の部屋、換気の悪い通路、共同のトイレ兼シャワー室がひとつ」という、1人しか入れないほど狭く、衛生環境も悪い賃貸空間がある（CNN News、2011）。政府（2009）によれば、これは「床位寓所（俗称：籠屋）」と呼ばれる（日本語で「棺おけ部屋」と訳される）。

　その他には、板で仕切っただけの2～3畳の賃貸空間もあり、「板間房・割房」と呼ばれる（日本語で「脱法部屋」と訳される）（香港社區組織協會、2013、3）。

　香港社區組織協會の調査結果（2013、6）によれば、「脱法ハウス」に住んでいる338名の調査対象者のうち、60歳以上の人の割合が33％に達している。「脱法ハウス」の平均家賃（水道・光熱費含む）は、月1,500香港ドル（2万1,525円）となっている。一方「棺おけ部屋」に住んでいる6割以上の人の月収は、5万7,386円（為替レート：1香港ドル＝14.35円で計算）以下である（香港社區組織協會、2009、35）。

　ひとり暮らしの高齢者が増えるなか、年々高騰している家賃と高齢者の貧困問題の深刻化に伴い、「脱法ハウス」に住まざるを得ない高齢者が増えていくと考えられる。

3）廃品拾いの高齢者たち

　世界金融・経済の中心地である香港には、人通りの多い道路で段ボール箱を畳み、空き缶などを拾い、手押し車あるいは縄だけで廃品を運ぶ高齢者が少なくない。この人たちは毎日人通りの多い道で一生懸命働いているが、誰にも関心をもたれず、孤立した存在である。

　ある調査によれば、廃品を仕切り場で売った収入で生活を送る高齢者が、2017年にはおよそ5,000人になっているとされる（東方日報、2017）。廃品回収業者によれば、1kgの段ボール箱は約0.9～1.1香港ドル（13円～16円）で売れる（香港01、2017）。

　ダイさん（79歳・女性）は生活のために毎朝休まず廃品を拾い、1日に40～60香港ドル稼いでいるという（South China Morning Post, 2014）。

表6　廃品拾い高齢者の交通事故（2017年内・一部）

日付	被害者	事故の内容
2月8日	70歳・女性	廃品を運び、横断歩道を渡っていたところ、大型ダンプトラックにはねられ、死亡した（東網、2017年）。
5月21日	60代・男性	手押し車で廃品を運び、横断歩道を渡っていたところ、タクシーにはねられ、死亡した（蘋果日報、2017年）。
9月19日	88歳・女性（独居）	車道で段ボール箱を集めるときに、後ろから進行してきたトラックに衝突され、死亡した（東方日報、2017年）。
10月26日	86歳・女性	段ボール箱を運び、横断歩道を渡っていたところ、トラックにはねられ、重体となった（明報、2017年）。
11月11日	66歳・女性	車道で廃品を運ぶときに、交通事故に巻き込まれ、頭に怪我をした（東網、2017年）。
11月18日	72歳・女性	段ボール箱を運んで横断歩道を渡っていたところ、ミニバスにはねられ、死亡した（明報、2017年）。

（出所）各新聞記事の情報をもとに筆者作成

また、香港は歩道が狭いため、車道で廃品を運ぶ人が多く、交通事故に巻き込まれる危険性も非常に高い。実際、廃品拾い高齢者の交通事故が相次いで起きている。表6はその一部に過ぎない。

4）高齢者の自殺問題

香港における毎年の自殺者を年齢層で分類すると、65歳以上の高齢者が最も多いとする調査結果があった（HKJC Centre for Suicide Research and Prevention[12], 2017）。

自殺に至る理由や要因は複合的で、決して単純ではない。ある調査（Suicide Prevention Services, 2016）の報告書は、香港の高齢者の自殺の大きな原因として、「健康問題」「家族問題」「配偶者・子どもの死別」「精神病・うつ病」「人間関係」の5つをあげている。

Suicide Prevention Services[13]は、香港のような大都会で住んでいる高齢者が「人間関係の希薄化」や「孤独」になりやすく、それが自殺の原因になる可能性が高いと述べている（Suicide Prevention Services, 2016）。

12　「香港競馬会防止自殺研究センター」
13　「生命ホットライン」

4. 香港における高齢者の貧困と孤立問題への挑戦

(1) 公的制度／取り組みの不足——CSSAに頼らない高齢者が多い

　CSSAを主な収入源として生活している高齢者が少なくないことは前述したが、その一方で、CSSAに頼らないことで経済的困難を抱える高齢者も半数近く存在している。

　香港政府は、CSSAの申請条件における「高齢者」の年齢下限を、60歳から65歳に変更することを決めた。

　また、CSSAは世帯を単位として申請する仕組みのため、ひとり暮らしの高齢者を増やす側面があると指摘されている（OXFAMHK、2016）。

　オックスファム香港（2016）によれば、世帯全員を対象にすると所得と資産審査に通らない可能性が高くなるとしている。さらに、経済的には子どもに頼りたくない、あるいは頼れない高齢者がCSSAの申請条件を満たすためには、子どもと別居せざるを得ない場合が少なくない、と述べている。

(2) 第三セクターの限界

　香港ではNGO（非政府組織）や慈善団体などの民間組織が、福祉サービスの主要な担い手として公的サービスの欠如を補完している。しかし、政府から補助金を受けている福祉NGOが多いため、その活動は政府の意向を強く反映するようになり、支援が必要な多くの人たちをカバーできない現実がある（澤田、2016、128）。

　また澤田（2016、129）によれば、政府はNGOへの補助金給付についても、競争原理を導入して管理を強めたという。そのため、民間組織による社会サービスも、必要な人に届かなくなっている場合が多い。

　さらに、補助金給付のないNGO団体は、財政難、担い手不足などのためにサービスの利用料を増やさざるを得ない現実があり、特に貧困層にとっ

て、利用するのがいっそう難しくなっている。

(3) 自発的な市民活動——平等分享行動（Equal Share Campaign）

香港では2011年から市民活動「平等分享行動」が広がっている。筆者もこの市民活動をきっかけにたくさんの「孤立した人」と出会い、改めて香港における社会問題を深く考えた。

「平等分享行動（日訳：平等に共有する行動、英訳：Equal Share Campaign）」は「隣人」「友人」という平等な立場を強調し、自分のものを生活困窮者と共有して、彼らが孤独にならないようにすることを目的とする活動である。

これは固定した組織による活動ではなく、年齢、性別、職業などを問わず、誰でも、いつでも参加できる「個人的な活動」であり、個人の意志で動く自発的な活動である。

基本的に活動の対象者を限ることはないが、これまでの事例では、ホームレスや道路上で廃品を拾って生活する高齢者を対象にする割合が高かった。

活動の内容は人によって違うが、一般的には初対面の対象者にまずやさしく話しかけ、相手のニーズに合わせて食べ物や日用品などを渡し、関係を築くというアプローチを用いる。

表7　活動の流れ

facebookで活動の情報の共有 ➡ 集合 ➡ 説明（10分程度）➡ 行動 ➡ 検討（10分程度）➡ 解散

（出所）筆者作成

「平等分享行動」は2011年から始まり、初期は主に、香港で最も貧困率が高い地区「深水埗[14]」で活動していた。その後、ニュースや番組で報道され、話題になった。現在の活動範囲は香港の各地区に広がっている。

活動の流れは、経験のある人がfacebookで活動の場所と日時を公開し、人を集め、経験のある人が初めて参加する人に活動の注意点を説明した上で

14　香港は18区に分けられている。「深水埗」はその1つである。

「平等分享行動」に参加して廃品拾い高齢者（中央）に話しかける筆者（左側）、2015年

行動を始める。

また、グローバリズムや新自由主義の影響が広がらないようにするため、対象者にわたすものは、できれば大手チェーンストアではなく、地元の店で購入することが推奨される。

対等な立場で生活困窮者を支えることを目的とする「平等分享行動」は、活動が広げながら、希薄化が進んでいる香港の社会で「見えない」あるいは「捨てられた」生活困窮者を「見えるようにする」意義がある。

今後さまざまな（自発的な・組織的）市民活動にとって参考になる取り組みであり、活動の理念が広がることを期待している。

おわりに

高齢化の進行に対し、香港の高齢者福祉制度は不十分だとよくいわれる。高齢者の社会的孤立という課題も厳しくなりつつある。政府は植民地時代から「自由経済」を強調しながら「残余型福祉（residual model）」を行っており、「最も自活能力のないもの」だけに焦点をあてている。

しかし、社会保障の受給者でさえ最低限の生活を送れているとはいえず、

第6章　香港における高齢者の貧困と孤立問題の現状

拒否された社会保障の申請者も少なくない。また、現行の社会保障制度のもとで、経済的困難を抱えながらも制度に頼らない高齢者が多い。

したがって、現行の「残余型福祉（residual model）」だけで高齢者を支えるのは極めて不十分で、高齢者の貧困問題および社会的孤立問題が厳しくなりつつある。

こうしたなか、香港ではNGOや慈善団体などの民間組織が、高齢者福祉サービスの主要な担い手として公的サービスの欠如を補完しているが、支援が必要な人すべてはカバーできない現実がある。

また、皆年金制度をめぐる議論は1960年代からずっと続いているが、財界と一部の住民の反発が強く、いまだに導入できていない。

高齢化の進行に伴い、この先の香港、特に政府側は、高齢者における格差問題および社会的孤立問題に対して十分な危機感をもち、「最も自活能力のないもの」だけに焦点をあてる社会保障制度を改めて考え直す必要があると思われる。

（岑　啟灝）

文献
・厚生労働省、2015、「平成28年版厚生労働白書」(2017年8月2日取得、http://www.mhlw.go.jp/wp/hakusyo/kousei/16/)
・厚生労働省、2018、「平成30年　我が国の人口動態―平成28年までの動向―」(2018年4月2日取得、https://www.mhlw.go.jp/english/database/db-hw/dl/81-1a2en.pdf)
・下平好博、1987、「アジアのNICsの社会保障制度―シンガポールと香港の比較分析―」季刊社会保障研究、第23巻第1号
・澤田ゆかり、2016、「社会保障制度―民間委託の間接統治とその限界―」吉川雅之、倉田徹編著『香港をしるための60章』明石書店、第20章
・世界保健機関（World Health Organization）、2016、"Hong Kong"(2017年1月6日取得、http://www.wpro.who.int/countries/hkg/en/)
・世界銀行、2016、"Gross domestic savings – Hong Kong –"(2017年1月2日取得、http://data.worldbank.org/indicator/NY.GDS.TOTL.ZS?end=2015&locations=HK&start=1993)
・久野康成、2014、『シンガポール・香港　地域統括会社の設立と活用』TCG出版
・東方日報、2017、「探射燈：環保業欠發展 基層生計堪憂」(2017年11月2日取得、http://orientaldaily.on.cc/cnt/news/20170812/mobile/odn-20170812-0812_00176_132.html)
・香港社區組織協會、2013、「2012/13籠屋板房及套房研究報告」(2017年1月2日取得、

http://www.soco.org.hk/publication/private_housing/research_inadequate%20housing_2013.pdf）
・香港社會服務聯會、2013、「香港匱乏及社會排斥研究―領取綜援人士、殘疾人士家庭、殘疾人士家庭、長者的匱乏及社會排斥狀況―」
・香港特區政府社會福利署、2015、「2004年至2014年綜合社會保障援助計劃的統計數字」（2017年8月12日取得、http://www.censtatd.gov.hk/hkstat/sub/sp390_tc.jsp?productCode=FA100078）
・香港立法會秘書處、2015、「香港的人口概況」（2017年9月12日取得、http://www.legco.gov.hk/research-publications/chinese/1415in07-population-profile-of-hong-kong-20150416-c.pdf）
・香港統計処、2015、「1981年至2014年香港生育趨勢」（2017年7月12日取得、https://www.censtatd.gov.hk/hkstat/sub/sp160_tc.jsp?productCode=FA100090）
・香港01、2017、「分享行動遍地開花：拾荒老人不是要施捨」（2017年9月12日取得、https://www.hk01.com/社區專題/86650/）
・香港特区政府扶貧委員会、2017、「2016年香港貧窮情況報告」（2017年9月12日取得、https://www.povertyrelief.gov.hk/chi/pdf/Hong_Kong_Poverty_Situation_Report_2016(2017.11.17).pdf）
・濱口桂一郎、2012、「『失敗した理念の勝』の中で」『生活経済政策』2012年4月号（2017年1月2日取得、http://hamachan.on.coocan.jp/seikatsurinen.html）
・香港統計局、2015「香港人口推算―Hong Kong Population Projections 2015-2064」
・香港統計局、2017、"Thematic Household Survey Report - Report No. 62 - Information technology usage and penetration"
・香港特区政府社會福利署、2015、「社會保障」（2017年7月12日取得、http://www.swd.gov.hk/tc/index/site_pubsvc/page_socsecu/）
・香港特別行政区、2017、「『二〇一七年世界衛生日』籲正視抑鬱症情況」（2017年9月12日取得、http://www.info.gov.hk/gia/general/201704/07/P2017040700175.htm）
・松岡環、2014、「香港の「長者」ライフ〜返還が保障した老後〜」（2017年7月12日取得、https://www.a-jrc.jp/school/2014/matsuoka/2_1.html）
・方文雄、2012、「香港社會保障制度的優劣」群策學社
・黄洪、2015、「『無窮』的盼望―香港貧窮問題探析（増訂版）」中華書局（香港）有限公司
・BLACKROCK、2015、「環球投資者取向調査」（2017年1月2日取得、https://www.blackrock.com/hk/zh/literature/publication/investor-pulse-2015-brochure-tc.pdf）
・Central Intelligence Agency, 2017, "COUNTRY COMPARISON :: DISTRIBUTION OF FAMILY INCOME - GINI INDEX"（2017年9月2日取得、https://www.cia.gov/library/publications/the-world-factbook/rankorder/2172rank.html）
・Hong Kong. Legislative Council., 1965, *Aims and policy for social welfare in Hong Kong* Hong Kong, S. Young, Govt. printer
・Leo F. Goodstadt, 2015, *Poverty in the Midst of Affluence – How Hong Kong Mismanaged Its*

Prosperity – 天窗出版社有限公司
・OXFAMHK、2014、「樂施會推出『基本生活開支線』助政府更準確量度貧窮人口」(2017年9月2日取得、http://www.oxfam.org.hk/tc/news_2466.aspx)
・South China Morning Post, 2015, "One in three elderly Hongkongers living in poverty despite slight overall drop in number of poor" (2017年9月12日取得、http://www.scmp.com/news/hong-kong/economy/article/1866074/more-elderly-people-hong-kong-living-below-poverty-line)
・HKJC Centre for Suicide Research and Prevention, 2018, "1981-2017 HONG KONG SUICIDE STATISTIC" (2017年9月12日取得、https://csrp.hku.hk/statistics/)
・Suicide Prevention Services、2016、「去年日均一長者自殺身亡 『生命共行』減自殺風險」(2017年9月12日取得、http://www.sps.org.hk/?a=doc&id=127)
・The World Rankings、2015、「世界・収入不平等指数ランキング」(2017年1月2日取得、http://top10.sakura.ne.jp/CIA-RANK2172R.html)

中国本土の高齢者事情に関する用語の解説

1. 空巣家庭
<ruby>からのす</ruby>

中国では近年、子どもが巣立って夫婦のみとなった世帯を空巣家庭と呼び、その人が高齢者の場合は空巣老人と呼ばれる。夫婦のみ、ひとり暮らしの両方を含む。

日本でも、子どもが独立して親のもとから巣立った後に、母親が対象を失って無気力・抑うつ的となった場合に「空の巣症候群（empty nest syndrome）」と呼ばれる状況がある。用語の用法として、この場合の「空の巣」と類似している。

2. 養老

中国において「養老」という言葉は幅広く使われている。中国語の「養老」は「老人をいたわり世話すること、また、老後を安楽に送る」という意味だが、学術用語としては陳功の解釈がしばしば引用されている。

陳功（2003）によると、「養老」は2つの意味をもっている。1つは、高齢者を扶養することである。つまり、経済的扶養、生活扶養（主に身体的ケア）、精神的扶養（精神的慰安）をさしている。この意味では、高齢者はその対象であり、客体である。もう1つは、老後の休養状態をさす。この意味では、高齢者が状態の主体であり、「養老」は高齢者の生活状態を表している。

現在、一般的に理解され使われている「養老」の意味は、前者である。

参考文献：陳功、2003、『我国養老方式研究』北京大学出版社

3. 中国高齢者の年齢

中国の高齢者は一般に60歳以上とされている。その理由は、定年退職の年齢が60歳（女性および特殊業種は55歳）に定められていることによる。高齢者数や高齢者率などの統計データは60歳で計算されているが、国際基準に合わせるため、65歳で計算するのも普通にある。

つまり、中国の高齢者率は60歳と65歳の2つの基準で計算されている。

4. 計画生育政策（一人っ子政策）

中国政府は1970年代後半から、計画出産政策の実施に踏み切った。重要国策として都市部における人口増加傾向に歯止めがかけられた。しかし、少子化や高齢化に

よる問題が引き起こされるため、この政策は2016年に中止された。

5．改革開放

1978年12月の中国共産党第11期中央委員会第3回全体会議で、当時の国家主席である鄧小平により提唱され、国内改革・国外開放の政策が出された。

改革開放政策の実施による特徴的な変化として、人民公社の解体、国有企業の経営主体（国有から私有へ）の変化、計画経済体制から市場経済体制への転換、外資企業の導入などがあげられる。

6．単位

計画経済体制下にあった中国では、国有企業が1つの「単位」として、就業、社会保険や社会福祉などの機能を果たしてきた。「単位」は都市住民に就職の場を提供し、従業員に生活の安定を保障した。こうした「単位」制度は「完全雇用、終身雇用」を実現した一方、従業員および家族の住宅、医療、就学など、生活面までカバーしていた。

改革開放政策によってこの制度は見直され、社区が重視されている。

7．社宅団地

日本における社宅は、会社が従業員の福利厚生の一環として用意したもので、従業員がここに住むには、毎月家賃を払わないといけない。

一方、中国の社宅に住むのに家賃を払う必要はない。定年退職後も住み続けることができるので、居住権をもつ個人資産としての意味は大きい。さらに、住宅改革制度によって、従業員がその所有権を買い取って個人所有にしているところが多いので、名実ともに個人資産となった。昔の中国の都市部住宅は、ほとんどこのような社宅で構成されていた。

社宅団地で構成されたコミュニティは「社区」と呼ばれ、現在でも中国都市部における典型的な社区類型の1つになっている。

8．社区

一定の地域の住民の共同体をさしている。街道弁事処のもとに自治組織としての居民委員会が置かれている。元民生部部長の崔乃夫が「社区は都市部においては、街道に所属している居民委員会がその基礎組織である」と述べていることからも、社区は現代都市部に限られた概念であることがわかる。

また、社区は住民組織を基礎とし、住民の地域生活圏に沿ったものであることか

ら、居民委員会と住民との関係が最も重視されているものと考えられる。
　中国の社区のような機構は欧米ではNGO組織など民間主体で運営するが、中国では体制の相違から政府主導で運営されている。

9. 中国の行政構造

　図1のように、中国の行政機構は中央政府→（自治区政府／省政府→地級市政府）／直轄市政府→県級政府・区政府→街道弁事処／郷政府→居民委員会／村民委員会に区分されている。中央政府は23省、5自治区、4直轄市（省級行政区）を直接管理している。他に2つの特別行政区（香港、マカオ）がある。

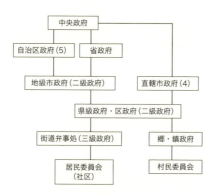

図1　中国の行政構造
(出所) 筆者作成

　都市部の行政機構は市、区、街道の3つに分割されている。街道弁事処の下に居民の自治組織の居民委員会があり、実質的に行政の末端機関である。農村部の行政機構は市、県、郷あるいは鎮の縦軸で、行政の末端機関は村民委員会である。

10. 養老保険システム

　図2のように、中国の養老保険システムは基本養老保険制度、養老金制度（年金制度）、商業養老保険の3本柱によって構成されている。基本養老保険制度は都市従業員基本養老保険と城郷居民基本養老保険（都市・農村居民基本養老保険）の2つに、養老金制度は企業養老金と職業養老金の2つに、それぞれ分けられている。
　基本養老保険制度は中国のすべての人をカバーするようになり、従来の都市部と農村部の基本養老保険を統合した。それが都市・農村居民基本養老保険制度と呼ばれ、2014年から実施されている。

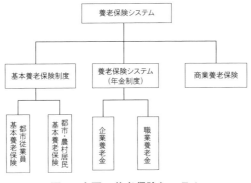

図2　中国の養老保険システム
（出所）筆者作成

11. 城郷居民基本養老保険（都市・農村居民基本養老保険）

加入対象者は16歳以上で、国家行政機関および銀行・病院などの事業部門の従業員、企業の従業員以外の人（学生は対象外）である。加入期間は15年間。受給開始年齢は60歳である。保険基金は個人納付、集団補助、政府補助の3部分になる。従来の新農村養老保険基金と都市住民基本養老保険基金が合併され、城郷居民基本養老保険基金が成立している。

12. 新農村養老保険制度（略称：「新農保」）

1980年代以後、市場経済の農村地域への浸透によって人民公社が崩壊したため、1980年代後半に農村部で養老保険制度が取り組まれた。これは1992年から農村部の全域で推進された。

「新農保」は、政府が主管する都市部の養老保険制度と違い、「個人の保険料納入を主とし、郷村の財源による補助を従とし、政府が政策面から扶助する」ことを基本原則とする。これは、個人口座蓄積式の農村養老保険である。すべての農村住民を対象とし、任意加入とする。加入年齢は20～59歳で、受給開始年齢は60歳である。

13. 新型農村合作医療制度

農民の医療における基本的需要を保障し、病気で貧困に陥ることを予防または緩和するため、中国政府は2002年から重病を対象とした統一プール（基金）「新型農村合作医療制度」を確立した。この制度は、政府が運営管理し、農民が自由意志で加入するものである。

（徐　玲）

あとがき

　2003年、加藤薗子先生、佐藤順子先生とともに私は、立命館大学産業社会学部「医療生協プロジェクト」の助成を受けて、「見守りと支援を必要とする高齢者と民生児童委員の活動に関する調査」を行った。

　介護保険制度が始まり高齢者介護はバラ色の未来があるかのように思われていた当時、調査で見えたのは、深刻な生活の悪化（生活後退）にみまわれながら、接近しにくい高齢者、制度を知らない高齢者に対して何とか援助をしようと努力する民生委員、老人福祉員の姿であった。高齢者は契約主義の介護保険制度から孤立していた。

　2004年以降、立命館大学大学院・社会学研究科に入学した大学院生たちが共通したテーマをもち研究会を立ち上げた。それは「高齢者の援助拒否・孤立・潜在化問題研究会」である。院生と私は、先の民生委員の調査を引き継ぎ、介護支援専門員、地域包括支援センター職員への事例調査と聞き取り調査を行った。そこで明らかになったのは、放置できない高齢者の生活の悪化の事実と明らかな孤立状態であった（本書第1部第3章）。

　大学院生たちの研究内容はさらに、生活保護老齢加算廃止問題、ホームヘルプにおける「軽度者」排除問題、高齢者のうつ・閉じこもり問題、救急搬送問題、孤立死問題などに広がった。

　韓国、中国、香港からの大学院留学生も、母国の高齢者の貧困と格差問題、社会的孤立問題に関心をもち研究した。そこで見えたものは「工業化・産業化・都市化」の著しい北東アジアでの高齢者の孤立問題であった。

　さて、社会経済的背景を強くもち、個人と家族の生活史の多様な出来事と結びつきながら生まれる「高齢者の孤立問題」の"メカニズム"の全貌は明らかになっていない。さらに、社会福祉サービスの「商品的社会化」を進める福祉政策、長時間化・競争・流動化の激しさを加速させる労働法制などのもとで、人間関係の「希薄化」はますます進むかに見える。さらなる研究が

あとがき

必要である。そして研究と併せて、社会保障の公的責任の回復を求める取り組み、働く場、生活する地域で人々が孤立せず「手をつなぐ」取り組みがますます大切になると考える。

　この研究の出発となった医療生協プロジェクトでの篠崎次男先生、中川勝男先生の助言、「高齢者の援助拒否・孤立・潜在化問題研究会」を助言してくださった河合克義先生、石倉康次先生に感謝申し上げたい。

　そして、本書の出版に尽力してくださった編著者のみなさん、毎回の編集委員会に足を運び出版を実現させてくださったクリエイツかもがわの岡田温実さんに感謝申し上げたい。

　2019年2月

編著者を代表して　小川栄二

編著者(五十音順)

新井康友(あらい　やすとも):佛教大学社会福祉学部准教授
　・第1部第5章／第1部第6章

小川栄二(おがわ　えいじ):立命館大学産業社会学部特任教授
　・第1部第2章／第1部第4章

朴仁淑(パク　インスク):立命館大学産業社会学部授業担当講師
　・第2部第1章

三浦ふたば(みうら　ふたば):京都看護大学看護学部助教
　・第1部第1章／第1部第3章(中島裕彦と共著)

執筆者(五十音順)

岑啟灝(シン　ケイコウ):立命館大学大学院社会学研究科博士課程前期課程修了(社会学修士)
　・第2部第6章

徐思遠(ジョ　シエン):立命館大学大学院社会学研究科博士課程前期課程修了(社会学修士)
　・第2部第4章

徐玲(ジョ　レイ):中国大連海洋大学法学部講師
　・第2部第3章

全容佑(ジョン　ヨンウ):立命館大学大学院社会学研究科博士課程前期課程修了(社会学修士)
韓国バプテスト神学大学大学院神学科卒業(牧会学修士)
　・第2部第2章

中島裕彦(なかじま　ひろひこ):京都市役所
　・第1部第3章(三浦ふたばと共著)

刘璐(リュウ　ロ):立命館大学大学院社会学研究科博士課程前期課程修了(社会学修士)
　・第2部第5章

北東アジアにおける
高齢者の生活課題と社会的孤立
──日本・韓国・中国・香港の今を考える

2019年4月15日　初版発行

編　著●ⓒ小川栄二・新井康友・朴仁淑・三浦ふたば
発行者●田島英二
発行所●株式会社 クリエイツかもがわ
　　　　〒601-8382 京都市南区吉祥院石原上川原町 21
　　　　電話 075(661)5741　FAX 075(693)6605
　　　　http://www.creates-k.co.jp　info@creates-k.co.jp
　　　　郵便振替　00990-7-150584

装丁●菅田　亮
編集・組版●小国文男
印刷所●モリモト印刷株式会社

ISBN978-4-86342-256-8 C0036　　　　　　　　　　　printed in japan

本書のコピー、スキャン、デジタル化等の無断複製は著作権法上での例外を除き禁じられています。本書を代行業者等の第三者に依頼してスキャンやデジタル化することは、たとえ個人や家庭内での利用であっても著作権法上認められておりません。

認知症関連　好評既刊本

本体価格表示

認知機能障害がある人の支援ハンドブック
当事者の自我を支える対応法　　ジェーン・キャッシュ&ベアタ・テルシス／著　訓覇法子／訳

●認知機能障害・低下がある人の理解と支援のあり方を「自我心理学」の理論に裏づけられた対応法！　認知症のみならず高次脳機能障害、自閉症スペクトラム、知的障害などは、自立した日常生活を困難にする認知機能障害を招き、注目、注意力、記憶、場所の見当識や言語障害の低下を起こす。　　　　　　　　　　　　　　　　　2200円

認知症の人に寄り添う在宅医療
精神科医による新たな取り組み　　平原佐斗司／監修　内田直樹／編著

認知症診療に、在宅医療という新たな選択肢を！
精神科医や認知症専門医が病院を飛び出すことで、認知症診療に与える新たな可能性とは。認知症在宅医療の最先端を紹介。　　　　　　　　　　　　　　　2200円

人間力回復　地域包括ケア時代の「10の基本ケア」と実践100
大國康夫／著（社会福祉法人協同福祉会）

介護とは、人を「介」し、尊厳を「護る」こと。最期まで在宅（地域）で暮らし続けられる仕組みを構築すること。施設に来てもらったときだけ介護をしてればいいという時代はもう終わった！あすなら苑の掲げる「10の基本ケア」、その考え方と実践例を100項目にまとめ、これからの「地域包括ケア」時代における介護のあり方、考え方に迫る。　2200円

食べることの意味を問い直す　物語としての摂食・嚥下
新田國夫・戸原 玄・矢澤正人／編著

医科・歯科・多職種連携で「生涯安心して、おいしく、食べられる地域づくり」「摂食・嚥下ネットワーク」のすぐれた事例紹介！　医科・歯科の臨床・研究のリーダーが、医療の急速な進歩と「人が老いて生きることの意味」を「摂食・嚥下のあゆみとこれから」をテーマに縦横無尽に語る！　　　　　　　　　　　　　　　　　　　　　　　　2200円

老いることの意味を問い直す　フレイルに立ち向かう
新田國夫／監修　飯島勝矢・戸原 玄・矢澤正人／編著

65歳以上の高齢者を対象にした大規模調査研究「柏スタディー」の成果から導き出された、これまでの介護予防事業ではなしえなかった画期的な「フレイル予防プログラム」＝市民サポーターがすすめる市民参加型「フレイルチェック」。「食・栄養」「運動」「社会参加」を三位一体ですすめる「フレイル予防を国民運動に」と呼びかける。　　　　　　2200円

認知症カフェハンドブック
武地 一／編著・監訳　京都認知症カフェ連絡会・NPO法人オレンジコモンズ／協力

イギリスのアルツハイマーカフェ・メモリーカフェに学び、日本のカフェの経験に学ぶ。開設するための具体的な方法をわかりやすく紹介！　認知症になったからと引きこもったり、一人悩んだりするのではなく、認知症のことを話し合ってみたい。そんな思いをかなえる場所、それが認知症カフェです。　　　　　　　　　　　　　　　1600円

実践！認知症の人にやさしい金融ガイド
多職種連携から高齢者への対応を学ぶ
一般社団法人日本意思決定支援推進機構／監修　成本迅・COLTEMプロジェクト／編著

認知症高齢者の顧客対応を行う金融機関必携！多くの金融機関が加盟する「21世紀金融行動原則」から、金融窓口での高齢者対応の困りごと事例の提供を受け、日々高齢者と向き合っている、医療、福祉・介護、法律の専門職が協働で検討を重ねたガイド書。　1600円

http://www.creates-k.co.jp/